学校的一天

日本学研教育出版社 / 编著　　郭薇 / 译

电子工业出版社
Publishing House of Electronics Industry
北京·BEIJING

开学第一课
学校的一天　目录

第 **6** 页

上学途中

第 **10** 页

到校

第 **14** 页

上课

第 **18** 页

卫生间

第 **24** 页

课间休息

第 **28** 页

午餐

写给即将迈入小学校门的你

欢迎来到一年级！大家读完这本书，可以更好地了解小学生活，愉快、安全、充实地度过这一段美好的时光。你和你的小伙伴可以通过书中的找找看环节，牢牢记住那些学校生活中重要的知识点。

和幼儿园不同，小学会有更多各种各样的规则需要我们来遵守。到学校后，由于爸爸妈妈不在身边，而大家要和同学们度过相当长的时间，所以彼此之间要友爱相处、互相帮助。大家会逐渐凭借自己的力量，解决越来越多的问题，变得越来越能干。读完这本书后，你们一定会成为最棒的小学生！

广中忠昭

第 34 页

值日

第 38 页

图书阅览室

第 44 页

放学后

有趣章节抢先看！

第 22 页　今天的便便长什么样？

第 32 页　各式各样的午餐

第 42 页　各种各样的教室

这本书介绍了同学们在学校一天中会遇到的不同场景。

读完本书，大家会渐渐明白哪些是不恰当的行为，哪些是受欢迎的行为。

 首先，一起来回答问题吧！

每页右上角会有一道问题等你来回答，这些题目来自于学校生活的方方面面。题目中藏着一些有错误行为的同学，让我们一起找找他们在哪里吧！

图上的这些同学在哪里？

✦ 来自老师的话 ✦

在这里，会向老师以及家长提示学校中重要的事项，同时也会给出一些建议。

家长和孩子共读本书时，可以试着引导孩子一起思考类似这样的问题：

"哪些小朋友做得对呢？"

"这个孩子哪里做错了呢？"

 **看看你的答案是否正确!**

大家可以在下一页找到答案,看看有错误行为的同学,到底错在了哪里?

 答案在这里

逐一对照,看看这些同学的错误行为会导致什么样的后果。

 **了解并掌握正确的行为!**

每页的右侧会列出正确行为的要点。请大家牢记这些要点,不仅会帮你顺利地度过在学校的时光,还会受到老师的表扬哦!

注意

这种事情不可以做,不仅会影响他人,而且对自己也很危险!

虽然看上去有点儿难,但是如果能够坚持下来,你一定就是最棒的!

我们是"帮助小天使"

我们是小天使和小恶魔,学校里的规则我们最了解!

上学途中

早晨,大家该去学校喽!上学路上要多加小心,注意交通安全。以下图中,哪些同学的行为是不正确的呢?

✦ 来自老师的话 ✦

上学和放学的路上,隐藏着很多危险。希望每个小朋友都可以做到一个人也能安全地上下学。

开学前,可以和爸爸妈妈一起走几遍上学的路,多多练习几次。不过,即便对上学的路越来越熟悉,也绝不能掉以轻心。无论何时,都要把安全放在第一位!

找找看 他们在哪里?

答案在下一页

1 突然冲到路上

2 红灯亮了，依然过马路

3 在人行横道上打闹

4 并排行走，挤满整条道路

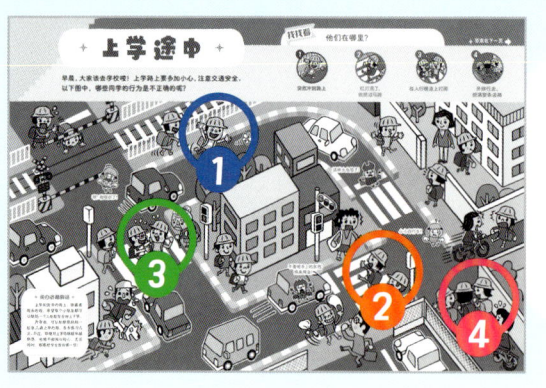

答案在这里！

这些同学的行为，可能会造成什么后果呢？

① 突然冲到路上　　② 红灯亮了，依然过马路

行驶的汽车会撞到人！

可能会被车撞到！

③ 在人行横道上打闹　　④ 并排行走，挤满整条道路

没有注意红绿灯已经变了！

身后的行人和车辆都无法通过了哦！

上学途中 **应该这样做** 你一定能做到！

遵守交通信号灯！

信号灯变绿时再走。
要先左右察看，确认没有车时再通过。

过马路时大家可以举起一只手，向司机示意哦！

※注意※ 即使是绿灯也不能掉以轻心。

 过马路时不要打闹、玩耍。

 抢行绿灯"尾巴"十分危险。

行走时的安全！

过马路的原则

 不要在路沿上行走。

在没有人行道的地方，要自觉靠右侧行走。

   过马路时，要分别向左、向右查看有无车辆。

不要突然冲到马路上。

注意路上的行人

 不要并排占道。

 在火车道口，要等火车通过后再走。

到校

终于到学校了。有些课堂要求换鞋进入，同学们需要在门口把鞋子脱下来，换上室内鞋。大家能按要求做到吗？

 **找找看** 他们在哪里? ◆答案在下一页➔

 1 在走廊里奔跑

 2 鞋子脱下后,没有放回鞋柜

 3 从楼梯上跳下

 4 从楼梯扶手上滑下

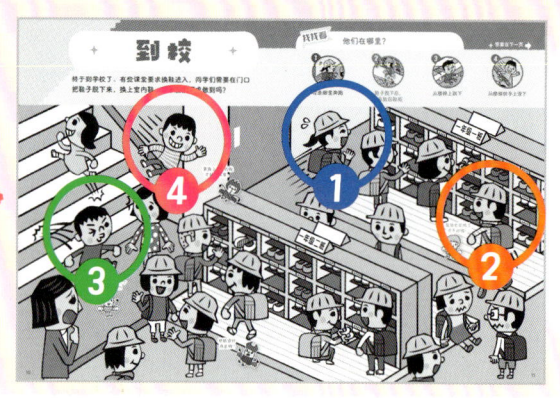

在走廊、楼梯口，不遵守相关规则，会发生什么事呢？

1 在走廊里奔跑

可能会受伤哦！

会撞到其他同学，太危险了！

2 鞋子脱下后，没有放回鞋柜

大家的鞋子乱糟糟的！分不清楚哪双是自己的鞋子。

3 从楼梯上跳下　　**4** 从楼梯扶手滑下

啊呀！大事不好！

不仅会撞到别人，而且很容易受伤！

到校后 **应该这样做** 你一定能做到!

把鞋子整整齐齐地放在鞋柜里

要把两只鞋子一起放入鞋柜中。穿鞋时,记得先把鞋后跟提上去再走路。

室内鞋的穿法

不要踩着鞋后跟,否则鞋子很容易脱落或把自己绊倒。

鞋子穿好,走路轻巧!

走廊里慢慢走

不要奔跑,不要慌张,慢慢走路。

楼梯不是游乐场

扶好扶手,一个台阶、一个台阶地上下楼梯。

×注意×

不要坐在走廊或楼梯口。

如果把别人绊倒就糟糕了。

 这样做更好! 在走廊或者楼梯口遇到同学要主动问好哦! 遇到老师,要说:"老师,早上好。"

互相打招呼,一天的心情也会变得很好!

上课

开始上课了。老师站在讲台上讲课,大家有没有在认真听讲呢?没有同学在课堂里捣乱吧?

✦ **来自老师的话** ✦

有的孩子对于这么多人在教室里一起学习,可能会有些不知所措,也有的孩子听不懂老师的提问,觉得有些迷茫无助。

老师或者家长一定要和孩子耐心解释,告诉孩子这些都是十分正常的现象。正是因为不懂,大家才坐在一起学习呀!

找找看 他们在哪里？

➔ 答案在下一页 ➔

1. 站起来在教室里乱走

2. 东张西望

3. 做和上课无关的事

4. 和前后桌聊天

不要摇晃椅子哟！

回答问题要举手哦！

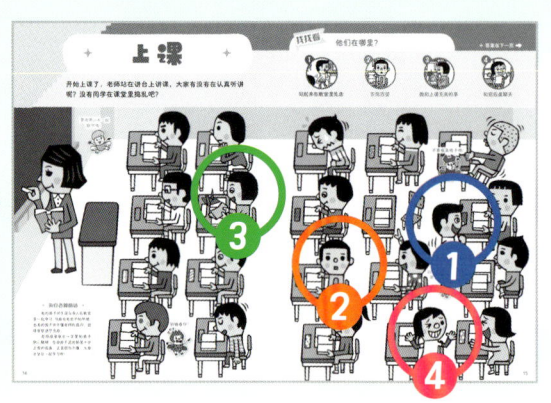

上课时，如果大家都不认真听讲，会有什么后果呢？

1 站起来在教室里乱走　　**2** 东张西望　　**3** 做和上课无关的事

4 和前后桌聊天

会影响到周围同学！

聊天不仅会影响到同学，还会影响老师上课哦！

上课时 **应该这样做** 你一定能做到!

正确的坐姿

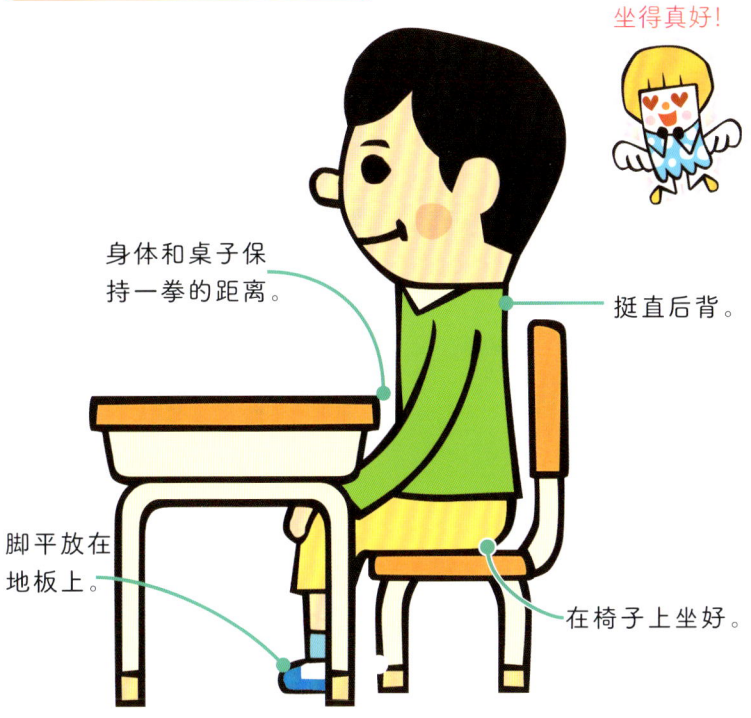

坐得真好!
身体和桌子保持一拳的距离。
挺直后背。
脚平放在地板上。
在椅子上坐好。

注意 这样的坐姿是不对的!

手肘撑在桌子上。

脚放在椅子上。

靠着椅子摇晃。

老师讲课时

认真听讲,学习会越来越容易哦!

眼睛要看着说话的老师。

想和老师交流的时候要举手。

 这种情况怎么办?

肚子好疼,想去洗手间!

举手告诉老师。

别自己强忍着呀!

卫生间

卫生间是大家公用的地方,干净整洁的卫生间会给每个使用的同学带来好心情。使用卫生间时,有什么需要注意的地方吗?

找找看 — 他们在哪里？

✦ 答案在下一页 ➡

1. 在便池外便便

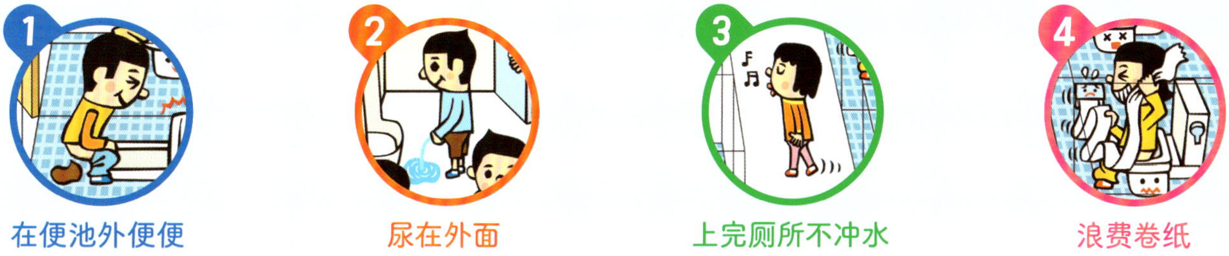

2. 尿在外面

3. 上完厕所不冲水

4. 浪费卷纸

✦ 来自老师的话 ✦

孩子在学校时不仅要学会自己上厕所，还要养成自觉保持卫生间整洁的意识。一个干净的卫生间，会让大家心情愉快。有一些孩子可能会抗拒使用学校的卫生间，所以要在小的时候培养他们去公共卫生间的意识。

上完厕所要洗手哦！

上厕所不要反着蹲！

 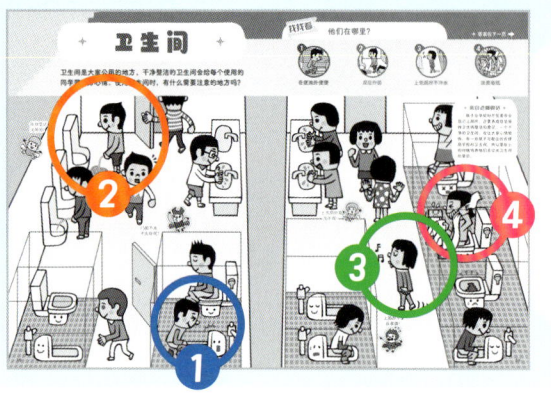

如果卫生习惯不好，会有什么影响呢？

 1 在便池外便便  2 尿在外面 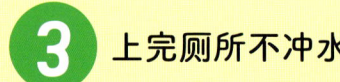 3 上完厕所不冲水

这样很容易滋生细菌！

会影响到下一个上厕所的同学。

 4 浪费卷纸

全都白白消耗了！

太浪费了！

真正想用纸的时候，发现没有纸了。

在卫生间应该这样做 你一定能做到！

姿势要正确

正确的如厕姿势，可以让卫生间保持整洁哦！

如果大家可以端正地坐在马桶上，就不会让小便和大便弄得到处都是。

男孩小便时要靠近便池。

保持洁净，人人有责！

屁屁怎么擦

大便

便便结束后，从前向后擦。

女孩 小便结束后，向前擦拭。

小便

男孩 小便结束后，要把尿液擦干净。

冲水

确保按下马桶的水箱按键。

蹲便的方法

脚尖朝前。

脚尖向前，左右脚分别位于便池两侧。

将裤子褪到膝盖附近再蹲下，尽量不要弄脏衣服。

※注意※

节约使用厕纸，只拿取自己需要的量。

折叠起来使用。

使用卫生间时，要考虑到他人的感受哦！

找找看

看看你的大便是什么类型？

今天的

- 香蕉形 ● 土黄色
- 十分柔软

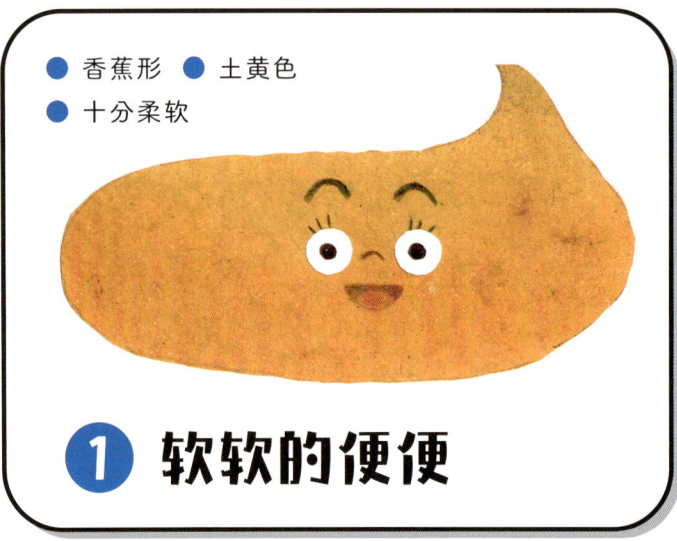

① 软软的便便

- 像泥巴一样又软又湿
- 颜色发黑

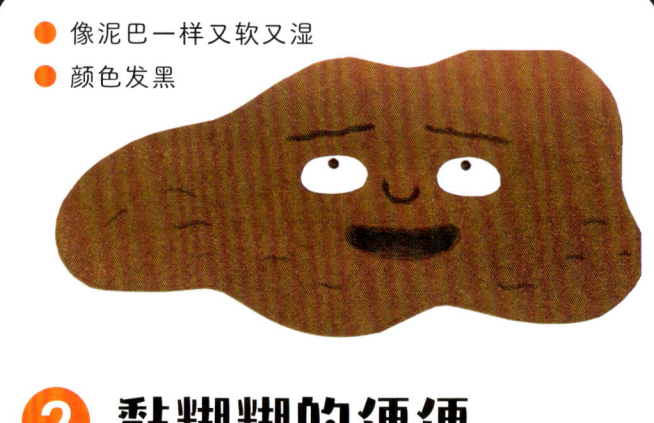

② 黏糊糊的便便

- 像小石头一样坚硬
- 数量很多、圆滚滚的

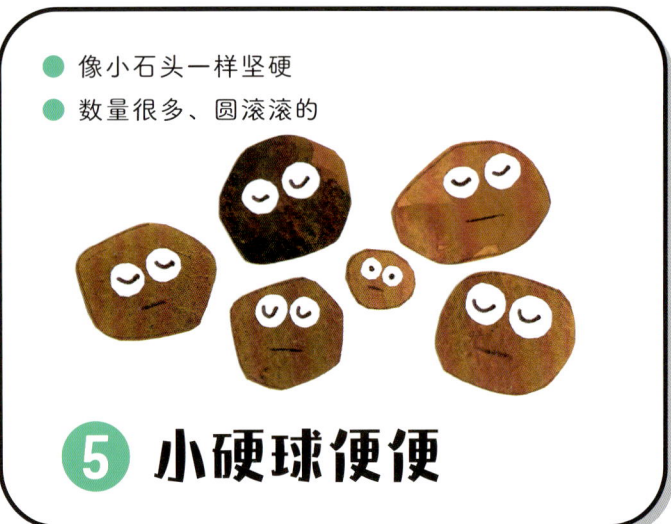

⑤ 小硬球便便

- 类似水的液体
- 土黄色或浅褐色

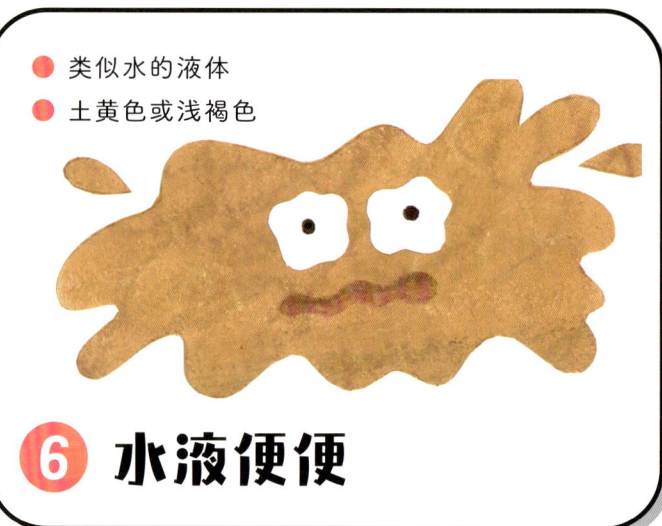

⑥ 水液便便

为什么会有这样的便便？

① 你的身体很健康，一切正常哦！

② 需要关注身体的健康状况啦，平时要多吃蔬菜哦！

③ 你可能便秘了，要多吃点儿蔬果哦！

④ 你可能缺乏足够的营养，好好吃饭才有力气！

便便长什么样？

观察一下你的便便，它可以反映你的身体健康状况哦！

- 又臭又硬
- 颜色发黑

③ 硬邦邦的便便

- 细细长长的
- 黑色或者红色

④ 细长的便便

- 红色、绿色、白色或全黑色的便便

⑦ 彩色的便便

你的便便是哪种类型？

在学校，想要便便就去卫生间，不要忍耐哦！

⑤ 你看起来可能便秘了，要多喝水哦！

⑥ 肚子可能着凉了，要注意保暖哦！

⑦ 你可能生病了，要告诉家人或老师，请医生检查一下吧。

课间休息

终于到了课间休息的时间，大家开心地去玩一会儿吧！
使用运动器械的时候，要多加小心，不要磕碰到旁边的同学哦！

找找看 他们在哪里?

✦ 答案在下一页 ➡

1. 玩耍的时候插队

2. 打扰正在玩运动器械的人

3. 站在秋千上

4. 从下向上爬滑梯

这种行为真不好!

要撞在一起啦!

✦ 来自老师的话 ✦

对于小学生来说,课间休息时间十分宝贵。在操场玩耍或者使用运动器械时,大家一样可以学习到很多额外知识。在这里,同学们不仅可以开心地玩,还能慢慢学会体谅他人、考虑他人的感受。这一阶段培养的友情是会让人受益终身的无价之宝!

答案在这里！

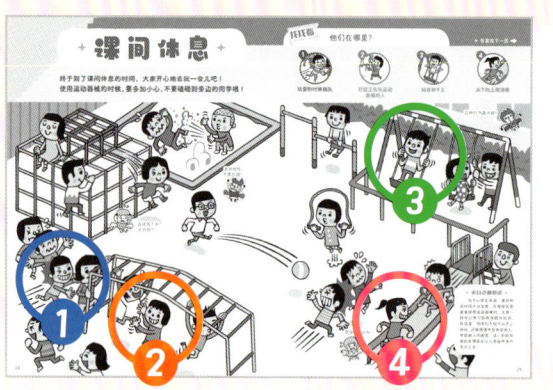

如果做对他人不友好、危险的事，会怎么样？

1 玩耍的时候插队

排队的人会很生气哦！

2 打扰正在使用运动器械的人

十分危险，会受伤！

3 站在秋千上

要在秋千上坐好哦！

太危险了！很可能会摔下来！

4 从下向上爬滑梯

这样可不行，会和别人撞在一起！

课间休息时 应该这样做 你一定能做到!

按秩序排队

礼貌有序排队,从我做起。

要考虑到其他人的感受哦!

我如果插队的话,是不是不太好啊……

正确使用运动器械

错误使用运动器械会让自己受伤,别让运动器械变"凶器"哦。

滑滑梯时	玩攀爬架时	玩云梯时	荡秋千时

✗注意✗ 不要打架。

 不要动手打人

大家遇到不愉快的事情,可以互相沟通,但是不可以打架哦!

发生冲突后,要马上向他人道歉。如果对方认真道歉了,也要原谅他哦!

认真道歉,取得原谅

午餐

取用午餐和收拾碗筷都要自己动手。大家要轮流值日，为同学们服务。

准备取餐

不要提前吃哦！

乱跑会撞到别人！

找找看 他们在哪里？

✦ 答案在下一页 ➡

1 值日时聊天

2 盛饭时没有戴好口罩和帽子

3 吃完饭后，没有把餐具放在回收的地方

4 吃完饭后不收拾

收拾碗筷

单手拿餐盘，很容易拿不稳！

要两只手稳稳地端着走哦！

✦ **来自老师的话** ✦

学校的午餐，不仅可以为大家的健康成长提供能量，还能教我们学习用餐礼仪、餐前准备和饭后整理等一系列事情。同时，大家还能从中感受到食物的珍贵、厨师的辛劳，这是一个很好的教育机会。

答案在这里！

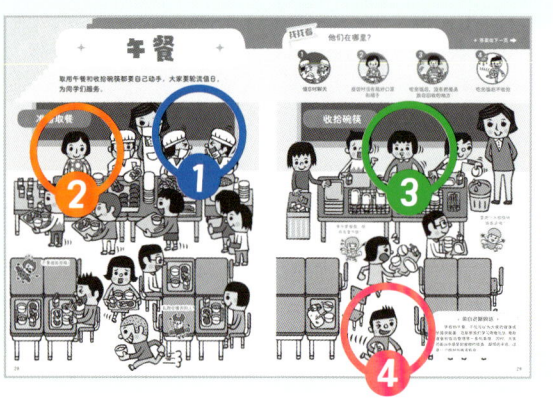

值日生或取餐同学的错误行为，会导致什么后果呢？

1 值日时聊天

小心！饭会洒出去哦！

2 盛饭时没有戴好口罩和帽子

口水或头发会掉进饭里面！

3 吃完饭后，没有把餐具放在回收的地方

下一个人没有办法放餐具，餐桌上变得乱糟糟！

4 吃完饭后不收拾

吃完饭，一定要把餐具还回去哦！

餐具无法收齐，这种行为会增加值日生的工作！

午餐时 应该这样做 你一定能做到！

值日时

值日生的着装
- 帽子
- 口罩
- 工作服

值日时不要交谈

值日时注意力要集中，别和周围人聊天哦！

拿到午餐时

把午餐在餐盘上摆放好。

用双手稳稳地端好餐盘，不要着急。

慢慢走，别慌张！

不要端着餐盘聊天。

不要端着食物奔跑。

收拾餐具时

吃完饭要归还餐盘哦！

试着自己收拾餐具吧！

吃完饭后，把相同的餐具叠放在一起。
遵守规定，试着做做看！

 这样做更好！

不要浪费食物

不剩饭、不浪费，要把午餐全吃光！

*取餐时，吃多少，取多少，一次不要拿太多。

找找看 善于发现的你！

各式各样

藕夹　牛奶
米饭　丝瓜西红柿汤

水果酸奶　牛奶
咖喱饭　培根炒蔬菜

红烧鱼　牛奶
蒸饭　蔬菜浓汤

炒青菜、煎鲅鱼　牛奶
竹笋饭　裙带菜汤

午餐时的餐桌礼仪

吃饭时要遵守餐桌礼仪，端端正正地坐好再吃。

这样吃饭，心情好好！

吃饭前

洗手

等同伴到齐再一起开动

的午餐

每天的午餐都不一样，看起来好好吃呀！

找找看 这些食物在哪里？

答案在 48 页

卷心菜沙拉　牛奶

面包　　茄汁焗豆

橙汁　　牛奶

面条　　凉拌小鱼　鸡蛋卷

水果捞　牛奶

炒饭　　冷面

意式鲜奶冻

世界各地风味食品（意大利）　罗勒风味炸鱼　牛奶

意大利面　　意式沙拉

吃饭时

身体要坐直

闭嘴咀嚼食物　吃饭时不要说笑

吃完后

要好好和老师、值日生说谢谢

33

值日

上课的教室，需要同学们自己来打扫。
这里将教大家如何正确使用抹布、笤帚、拖布等清扫用具。

找找看

他们在哪里？

答案在下一页

1
没有把抹布拧干

2
直接拖动桌子

3
在空中挥舞扫帚

4
值日时聊天

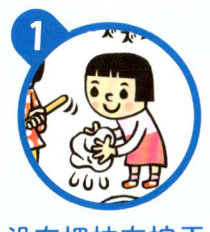

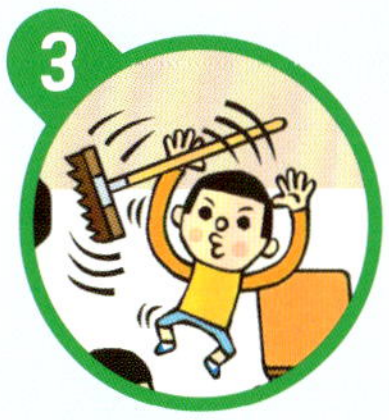

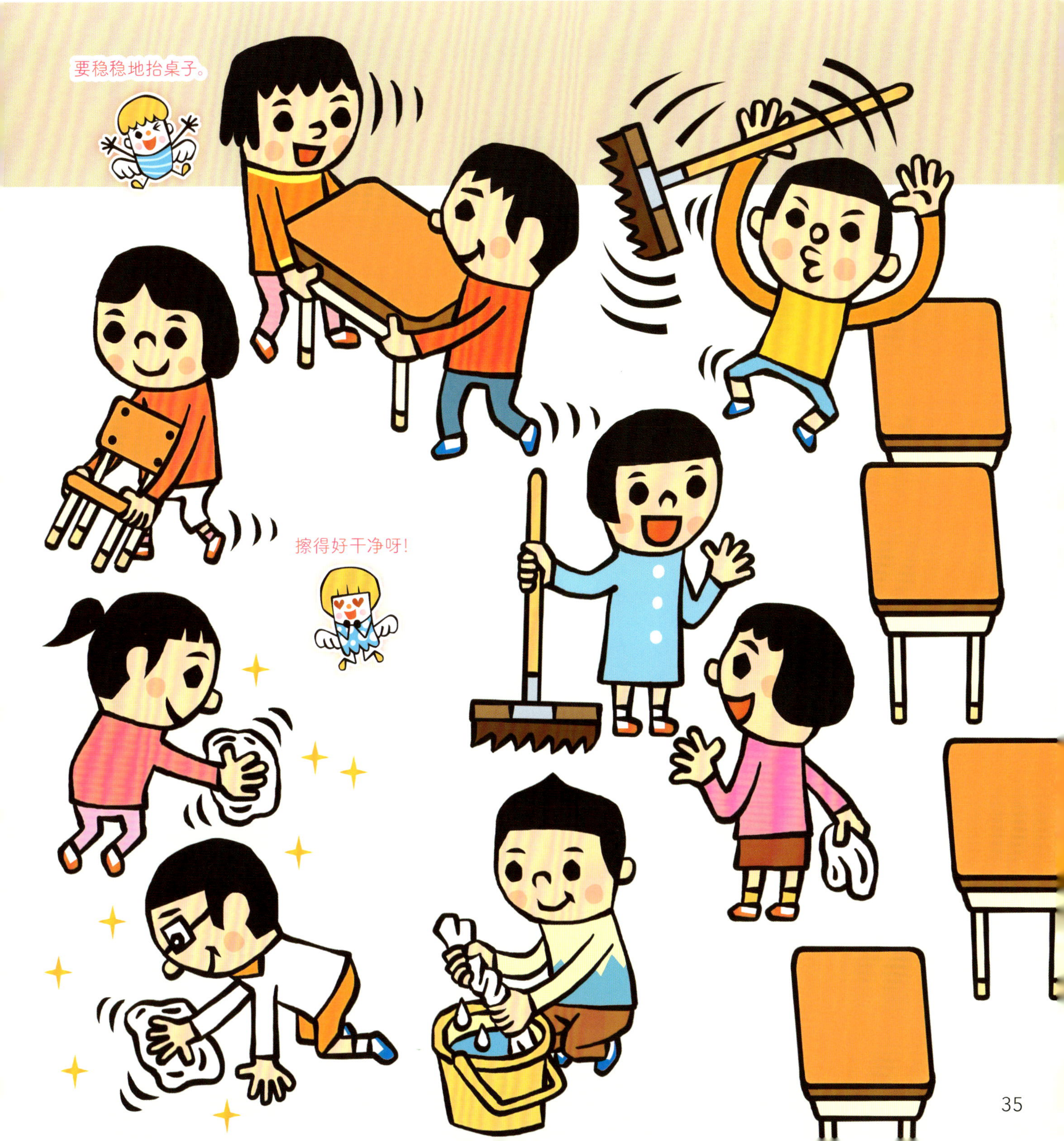

答案在这里！

如果不好好打扫卫生，会发生什么呢？

1 没有把抹布拧干

擦过的东西都是湿哒哒的。

2 直接拖动桌子

不仅书本文具会掉出来，而且还可能弄坏地板！

3 在空中挥舞扫帚

可能会打到周围的人！

4 值日的时候聊天

拖拖拉拉，无法按时完成值日。

值日时 应该这样做 你一定能做到！

抹布要认真拧干

别将水滴到地板上哦！

 拧抹布的正确方式

 拧抹布的错误方式

下面这些方式拧抹布，不仅费力，也没办法彻底拧干。

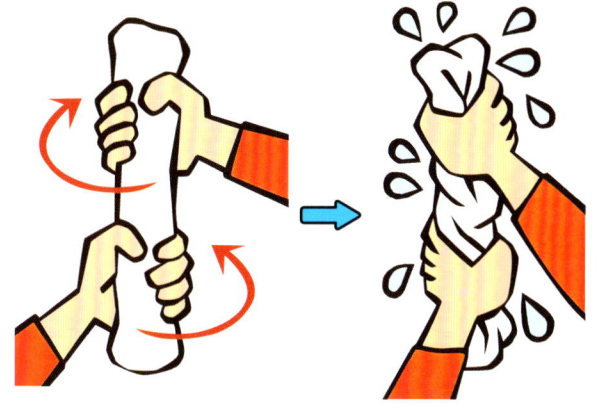

将湿抹布竖着卷成棍状。

上下朝着不同方向用力拧，要拧到看不见自己的大拇指为止。

把抹布压成一团。　　横着握住抹布拧。

 擦干净为止

要认真地把污渍都擦拭干净。

扫帚和簸箕，熟练使用很重要

扫帚的使用方法

双手握好扫帚杆，慢慢清扫垃圾。

簸箕的使用方法

首先，将簸箕口紧贴地面，轻轻上抬簸箕后半部分。

如图所示用扫帚把垃圾扫入簸箕。如果没扫完垃圾，把簸箕和扫帚向后退一点儿，重新扫一遍。

这样做要好！ 大扫除，要认真

搬桌子时，找同学一起抬起来移动。

清理桌面时，拿小垃圾桶接着桌上的垃圾。

37

图书阅览室

图书阅览室有很多书,同学们不仅可以在这里读书,而且还可以借书回家。在这里,大家能做到安静、全神贯注地读书吗?

✦ 来自老师的话 ✦

阅读可以充实孩子的内心,扩展他们的眼界。对孩子来说,图书阅览室是一个非常好的地方,在这里孩子们不仅可以充分地探索未知、思考问题,还可以互相推荐自己喜欢的书,交流阅读的感受,培养沟通能力。好好利用图书阅览室,培养一个爱阅读的孩子吧!

 他们在哪里？

答案在下一页 ➡

 1 大吵大闹

 2 书页随意折角

 3 没有把书放回书架

 4 未经登记，直接拿走书

 答案在这里!

大声喧哗、不爱惜书本,会发生什么呢?

1 大吵大闹

会打扰到正在读书的人!

2 书页随意折角

会把书弄坏,影响到下一个阅读的人。

3 没有把书放回书架

想找这本书的人,怎么也找不到啦!

4 未经登记,直接拿走书

您好,能帮我查一下是谁借走了《小人国》这本书吗?

没人借走啊,好奇怪。

找不到书可就糟糕了。

下一个想读的人,会发现这本书"失踪"了!

在图书阅览室 **应该这样做** **你一定能做到!**

坐姿端正，安静读书

图书阅览室是安安静静看书的地方。集中精力认真阅读，在这里体会阅读的快乐吧!

需要讨论时，还是可以说话的。只是要注意，声音不要太大哦!

遵守相关规定

这些在图书阅览室的不文明行为，不仅会打扰到周围正在读书的同学，还会影响下一个借书的人。

不要乱跑

不要在书上乱写乱画

办完借阅手续，再把书带走

不要用脏脏的手摸书哦!

图书阅览室的借书步骤

要遵守规定哦!

先告诉老师你要借哪本书。

还要记得按时还书。

找找看 — 各式各样

不同的教室作用不同哦

音乐教室

家务教室

手工教室

实验室

生活教室

电脑教室

医务室

校长办公室

老师办公室

的教室

学校为我们准备了各种各样的教室。让我们一起来看看吧！

找找看 这些物品在哪里？

答案在 48 页

教室

图书阅览室

楼梯口

体育馆

游泳池

放学后

终于放学了。在回家的路上,大家尤其要注意安全。放学后要直接回家,不要四处闲逛哦!

遇到危险记得拨打110报警。

✦ 来自老师的话 ✦

放学后,孩子们会觉得十分自由,满心都想着要好好玩。老师或家长一定要告诉孩子,放学后直接回家,不能四处乱逛。家长需要和孩子充分地强调放学后的安全注意事项,让孩子提高对外界的危险意识。

他们在哪里？

✦ 答案在下一页 ➡

1 四处闲逛

2 和陌生人搭话

3 独自去人少的地方

4 乱扔书包

45

 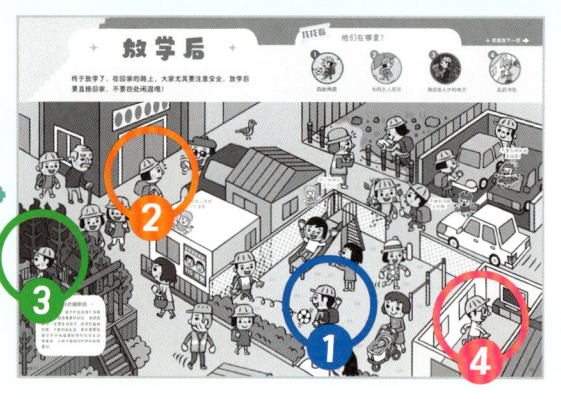

答案在这里!

放学途中,如果不注意安全,会发生什么事呢?

1 四处闲逛

天越来越黑了,好担心啊。

还没回来吗……

没能按时回家,家人会很担心哦!

2 和陌生人搭话

嘿嘿嘿

也许会被带走哦!

3 独自去人少的地方

也许会遇到躲藏的坏人!

4 乱扔书包

作业还没做呢!

又乱又邋遢!

放学后 应该这样做 你一定能做到！

出门前要主动告诉家人自己去哪里

出去玩之前，先回家。告诉家人要去哪里玩、几点回家。

天黑之前要回家哦！

感觉不对劲的时候，拨打110报警

一旦发现有人尾随，可以去公众场所寻求大人的帮助。

不要靠近危险的地方

不要去幽暗和看起来有些恐怖的地方。

幽暗的场所　　工地

隧道　　停车场

这样做更好！

回家后，为明天上学做好准备。

做完作业再出去玩，睡前要准备好明天上学需要的东西。

提前做好准备，第二天才能不慌也不忙哟！

47

クイズでわかる！学校の生活「1　1日のきまり」
広中忠昭・監修
Quiz de Wakaru! Gakkou no Seikatsu 1 1nichi no Kimari
Ⓒ Gakken
First published in Japan 2019 by Gakken Plus Co., Ltd., Tokyo
Chinese Simplified character translation rights arranged with Gakken Plus Co., Ltd.
through Shinwon Agency Co.
本书中文简体版专有版权由Gakken Plus Co., Ltd. 经由Shinwon Agency Co. Beijing
Representative Office授予电子工业出版社。未经许可，不得以任何方式复制或者
抄袭本书的任何部分。

版权贸易合同登记号　图字：01-2020-7401

图书在版编目（CIP）数据

开学第一课. 学校的一天 / 日本学研教育出版社编著；郭薇译. --北京：电子工业
出版社，2021.7
ISBN 978-7-121-40940-0

Ⅰ.①开⋯　Ⅱ.①日⋯　②郭⋯　Ⅲ.①小学生－入学教育　Ⅳ.①G625.5

中国版本图书馆CIP数据核字（2021）第062739号

责任编辑：苏　琪　文字编辑：翟夏月
印　　刷：天津海顺印业包装有限公司
装　　订：天津海顺印业包装有限公司
出版发行：电子工业出版社
　　　　　北京市海淀区万寿路173信箱　邮编：100036
开　　本：787×1092　1/16　印张：8.75　字数：59.00千字
版　　次：2021年7月第1版
印　　次：2023年4月第3次印刷
定　　价：90.00元（全3册）

凡所购买电子工业出版社图书有缺损问题，请向购买书店调换。若书店售
缺，请与本社发行部联系，联系及邮购电话：（010）88254888，88258888。
质量投诉请发邮件至zlts@phei.com.cn，盗版侵权举报请发邮件至dbqq@phei.
com.cn。
本书咨询联系方式：（010）88254161转1821，zhaixy@phei.com.cn。

- 上学途中
- 到校
- 上课
- 卫生间
- 今天的便便长什么样？
- 课间休息
- 午餐
- 各式各样的午餐
- 值日
- 图书阅览室
- 各种各样的教室
- 放学后

责任编辑：苏 琪
责任美编：孙 莹
装帧设计：佟思雨

上架指南：少儿绘本
ISBN 978-7-121-40940-0

定价：90.00元（全3册）

课程表

节数／星期		星期一	星期二	星期三	星期四	星期五
上午	第一节					
	第二节					
	第三节					
	第四节					
下午	第五节					
	第六节					
	第七节					

准备清单

常用	不常用
•	•
•	•
•	•
•	•
•	•
•	•

好习惯养成

这学期，我要学会……

_____ 的作息时间表

时间	事项

开学第一课

学校的一年

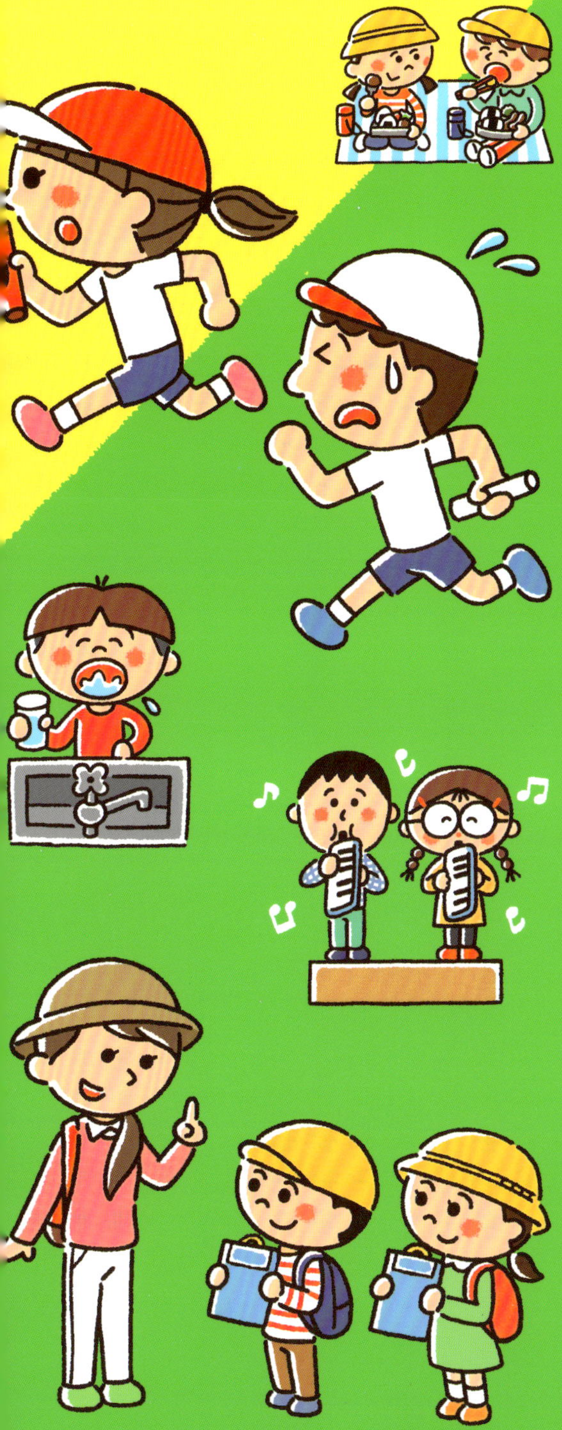

日本学研教育出版社 / 编著　　郭薇 / 译

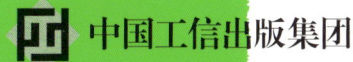

学校的一年

日本学研教育出版社 / 编著　　郭薇 / 译

电子工业出版社
Publishing House of Electronics Industry
北京·BEIJING

开学第一课
学校的一年 目录

第 6 页
开学典礼

第 8 页
春游

第 12 页
带着美食去郊游

第 14 页
游泳课

第 18 页
野外露营

第 24 页
校园运动会

写给即将迈入小学校门的你

欢迎来到一年级！大家读完这本书，可以更好地了解小学生活，愉快、安全、充实地过这一段美好的时光。你和你的小伙伴可以通过书中的找找看环节，牢牢记住那些学校生活中重要的知识点。

和幼儿园不同，小学会有更多各种各样的规则需要我们来遵守。到学校后，由于爸爸妈妈不在身边，而大家要和同学们度过相当长的时间，所以彼此之间要友爱相处、互相帮助。大家逐渐会凭借自己的力量，解决越来越多的问题，变得越来越能干。

读完这本书后，你们一定会成为最棒的小学生！

广中忠昭

第28页 **搭乘公共交通工具**

第32页 **校外活动**

第36页 **汇报演出**

第40页 **预防感冒**

第44页 **学校里的重要仪式**

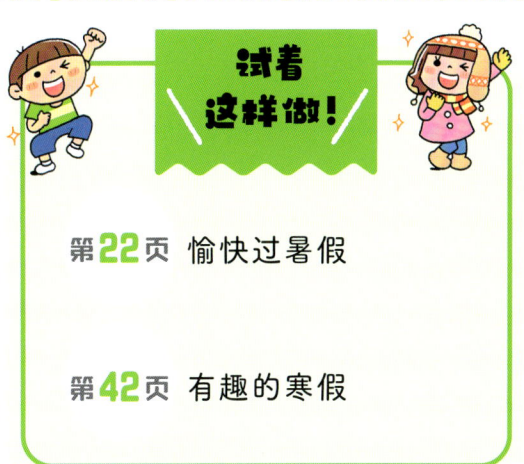

试着这样做！

第22页 愉快过暑假

第42页 有趣的寒假

这本书介绍了同学们在学校一年中会遇到的不同场景。

读完本书,大家会渐渐明白哪些是不恰当的行为,哪些是受欢迎的行为。

 **首先,一起来回答问题吧!**

每页右上角会有一道问题等你来回答,这些题目来自于学校生活的方方面面。题目中藏着一些有错误行为的同学,让我们一起找找他们在哪里吧!

图上的这些同学在哪里?

家长和孩子共读本书时,可以试着引导孩子一起思考类似这样的问题:

"哪些小朋友做得对呢?"

"这个孩子哪里做错了呢?"

看看你的答案是否正确！

大家可以在下一页找到答案，看看有错误行为的同学，到底错在了哪里？

答案在这里

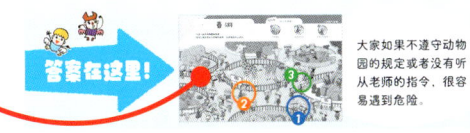

逐一对照，看看这些同学的错误行为会导致什么样的后果。

了解并掌握 正确的行为！

每页的右侧会列出正确行为的要点。请大家牢记这些要点，不仅会帮你顺利地度过在学校的时光，还会受到老师的表扬哦！

※注意※

这种事情不可以做，不仅会影响他人，而且对自己也很危险！

虽然看上去有点儿难，但是如果能够坚持下来，你一定就是最棒的！

我们是"帮助小天使"

我们是小天使和小恶魔，学校里的规则我们最了解！

春游

大家一起去动物园春游喽!
同学们要好好听从老师的指挥,在动物园开心游玩。

找找看 他们在哪里?

✦ 答案在下一页 ➡

1. 大声喧哗

2. 随意脱离队伍

3. 将身子探向护栏内

答案在这里!

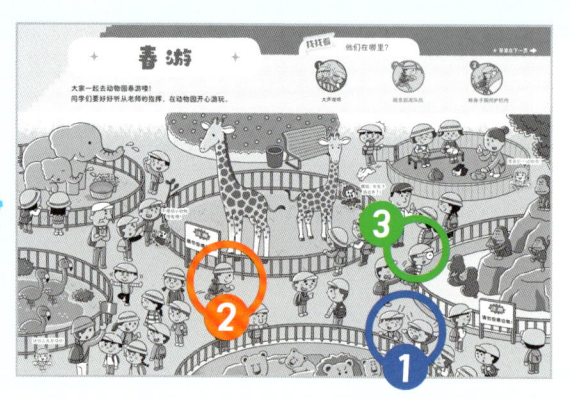

大家如果不遵守动物园的规定或者没有听从老师的指令,很容易遇到危险。

1 大声喧哗

动物园可是公共场所呀!

大声喧哗会影响其他游客,而且还会吓到动物呢!

2 随意脱离队伍

其他同学在哪里啊?

很容易迷路哦!

3 将身子探向护栏内

太危险了,会跌入动物区!

春游时 应该这样做 你一定能做到!

遵守园内规定

 不要奔跑　　 不要大声喧哗　　 认真听老师的指令

跟着队伍一起参观游览

春游时,老师会把同学们分成若干小组,每个小组分头行动。大家不要随意离开自己的队伍哦!

大家一起行动才不会走散!

这样做更好!

**爱护生命
人人有责**

在动物园,我们有机会直接接触到可爱的小动物。请大家轻轻地、温柔地抚摸它们,不要吓到小动物。

请不要捉弄它们哦!

带着美食去郊游

不方便用水洗手时,用消毒湿巾擦干净手也可以。

我的手洗干净了,可以吃饭喽!

细嚼慢咽,真好吃。

吃完食物后……

记得整理打扫。

吃完饭后,要把饭盒整理好。

垃圾都装进垃圾袋里带走。

离开时检查好随身物品,不要落下东西。

外出时，大家可以自带食物，在大自然中和同学一起品尝美食。
有什么事情是需要注意的呢？

邀请别人品尝食物前，需要先问问对方。

小心，夹稳食物，不要掉下来。

食物尽量都吃光，不剩饭。

能做到以下几点 会更好！

感谢为我们准备食物的家人。

吃完后，自觉把垃圾清理干净。

尽量不要掉落食物。

谁做得对

饭菜掉在地上该怎么办呢？

❶ 马上捡起来吃掉。

❷ 虽然有点儿可惜，但不会捡起来吃。

➡ 答案在第14页

游泳课

夏天真的好热啊!学校为大家安排了游泳课。
玩水很开心,但大家要好好听老师的话哦!

找找看 他们在哪里?

✦ 答案在下一页 ➡

1 在泳池边奔跑

2 直接跳入泳池

3 不做热身运动

4 进入泳池前,没有认真洗澡

哎呀,水好凉!

这样做很危险!

答案在这里!

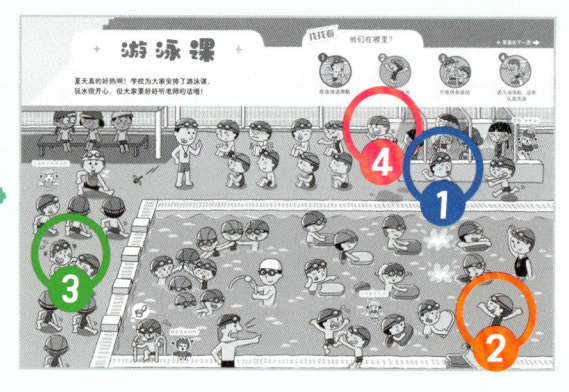

游泳课的注意事项有很多,不好好遵守的话,会发生危险哦!

1 在泳池边奔跑

很容易滑倒哦!

2 直接跳入泳池

受伤就不好了!

3 不做热身运动

下水后身体没有舒展,容易抽筋!

4 进入泳池前,没有认真洗澡

身上的污垢、细菌会弄脏泳池的水。

游泳课时 应该这样做 你一定能做到!

游泳时的着装

下水前做好准备哦！

戴好泳帽。

佩戴好泳镜。

男生要系好泳裤的抽绳。

穿好泳衣再进入泳池，然后尽情享受游泳的快乐吧！

当你感觉到发冷、受伤的时候

不要硬撑，主动向老师求助。

进入泳池前和从泳池出来后

再认真洗一遍澡。

✗ 注意 ✗ 在泳池周围，需要特别注意安全

很危险，不能这样做！

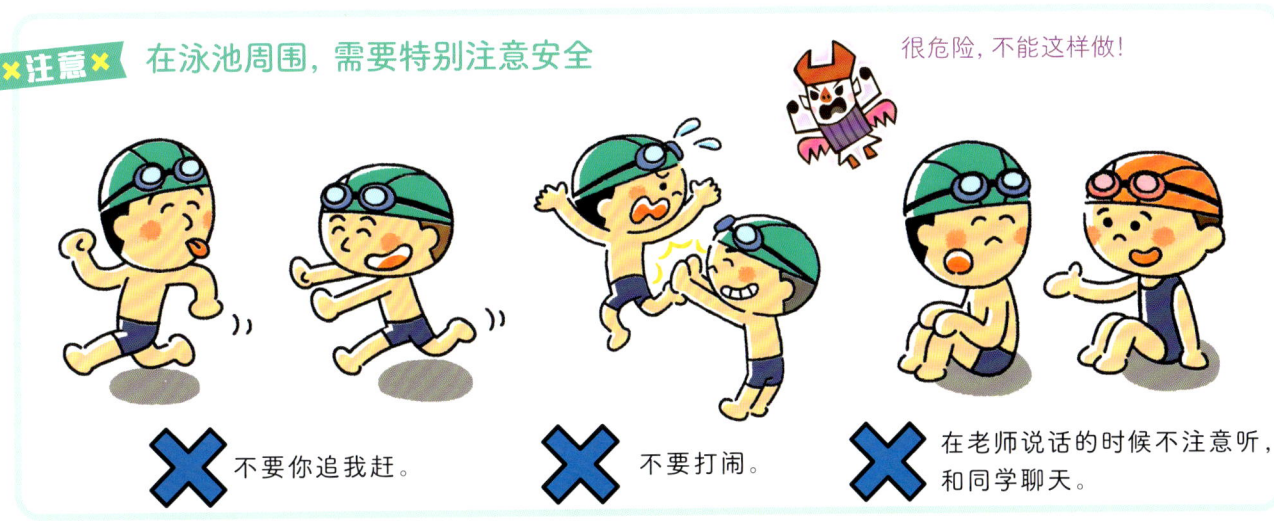

✗ 不要你追我赶。

✗ 不要打闹。

✗ 在老师说话的时候不注意听，和同学聊天。

野外露营

暑假时,大家可以和家人一起去野外露营。不管是森林里,还是河边,都会有一些潜在的危险,玩耍的时候一定要注意安全哦!

他们在哪里？

✦ 答案在下一页 ➡

1. 玩耍时不戴好帽子

2. 忘记喝水

3. 一个人在河边玩耍

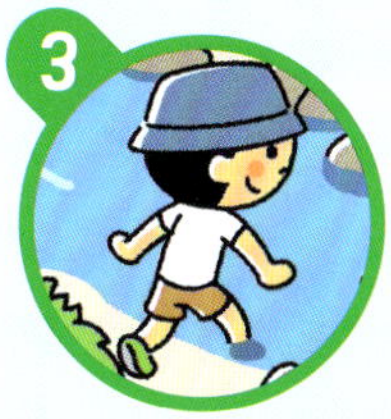

4. 在蜂窝下逗留

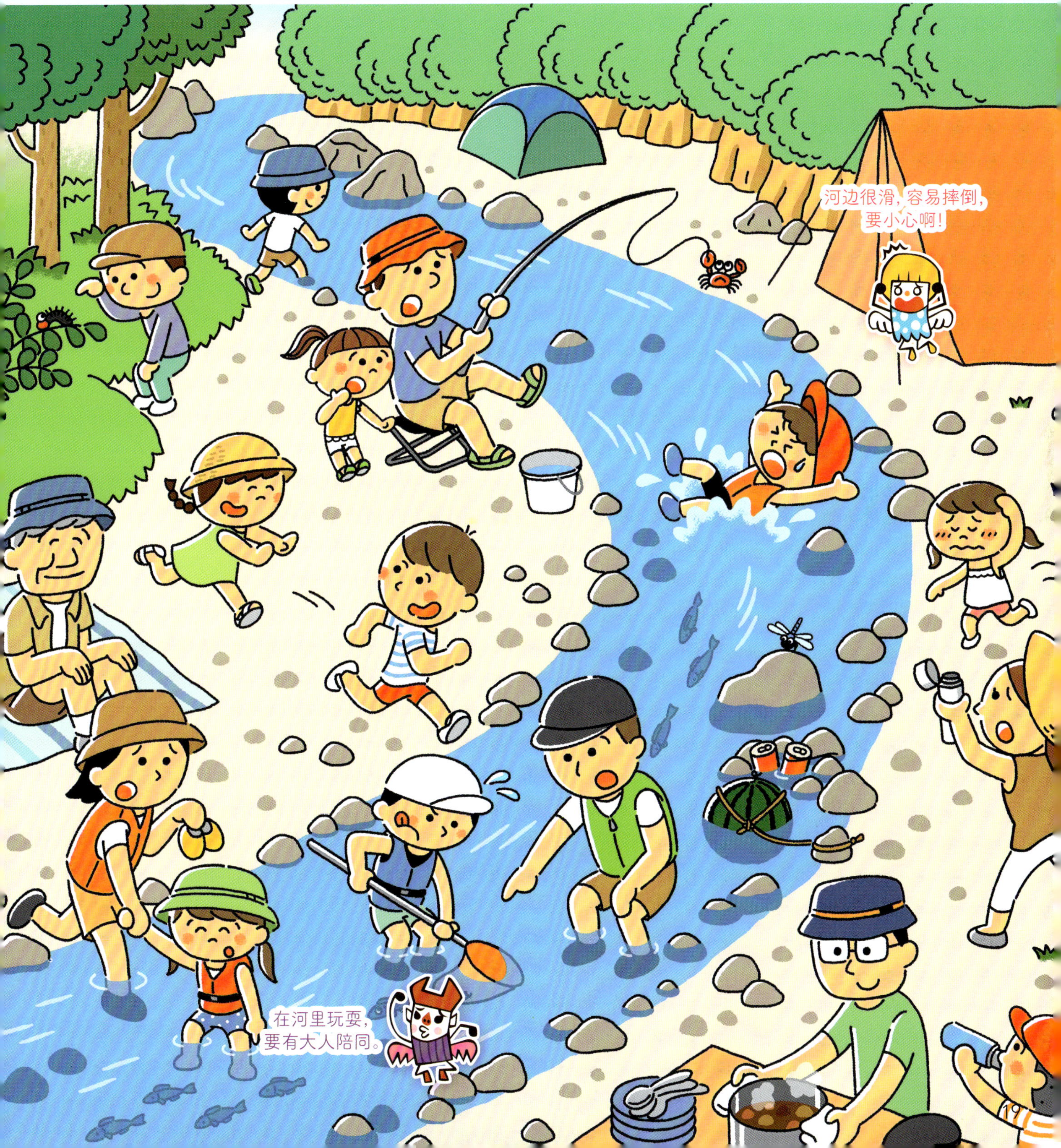

河边很滑，容易摔倒，要小心啊！

在河里玩耍，要有大人陪同。

答案在这里！

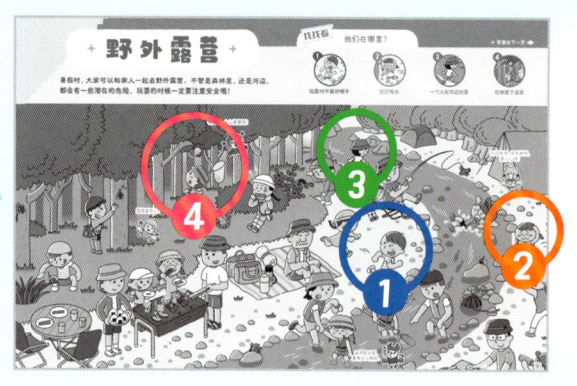

山林间危险很多，还有可能让你生病。怎么做才好呢？

天气很热， 玩耍时不戴好帽子 忘记喝水

小心会中暑！

夏天的紫外线强，特别容易晒伤皮肤。

身体缺水，很容易导致中暑！

3 一个人在河边玩耍

要是失足落水，那就十分危险了！

如果不小心落水的话，家人很难注意到！

4 在蜂窝下逗留

容易被蜜蜂蜇到。

野外露营时 **应该这样做** 你一定能做到!

外出游玩

出游时的着装

具有防晒功能的帽子。

记得带上水壶哦!

天气热时很容易出汗。大家记得带上擦汗的手绢。

舒适的鞋子。

这些事情也很重要

⭕ 及时补充水分。　⭕ 擦汗。

✖注意✖ 近距离观察花草时

靠近植物时,大家要小心蜜蜂、蛇、毛毛虫这一类的生物。

想去河边玩耍时

不要单独行动

一定要和家人结伴而行。

在河边玩耍时的着装

帽子。

河岸边很滑,容易摔倒。

救生衣。(可以让人漂浮在水上,等待救援。)

防滑的运动鞋。

让我们愉快地度过暑假吧！

熬夜玩游戏，睡得很晚。
- 是 ✗ 错
- 否 ○ 对

睡眠不足的话，身体的抵抗力会下降。

白天也很容易中暑！

跟着陌生人走。
- 是 ✗ 错
- 否 ○ 对

被坏人带走的话就麻烦了！

一个人去水边玩。
- 是 ✗ 错
- 否 ○ 对

水边玩耍危险多。一个人遇到危险时，很难有人发现。

出门前要告诉家人去哪里玩，几点回家。
- 是 ○ 对
- 否 ✗ 错

记得告诉家人和谁出去玩。
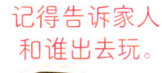

有大人陪同的时候才能燃放烟花。
- 是 ○ 对
- 否 ✗ 错

自己燃放烟花，万一着火了就麻烦了。

没好好报备的话，家人会很担心的。

23

校园运动会

学校每年都会举办运动会,一年级到六年级的同学都可以参加。参加个人赛或者集体项目时,有什么需要注意的事吗?

 **找找看** 他们在哪里？　　　　✦ 答案在下一页 ➡

1. 检录时没有排队

2. 四处乱晃

3. 擅自闯入比赛中的跑道

4. 为同学加油时，突然站起来

记得遵守场内秩序呀！

 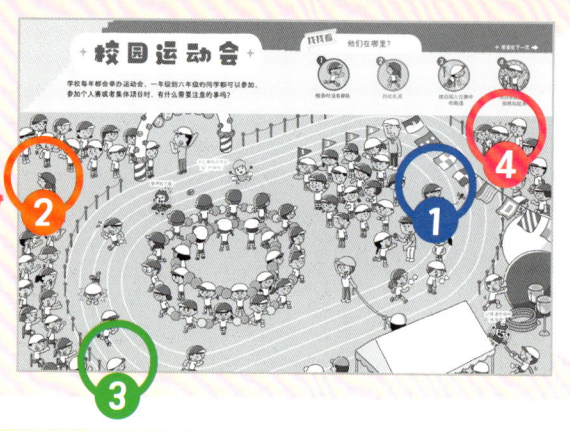

不遵守运动会的场内秩序,会出现什么后果呢?

1 2 检录时没有排队或者四处乱晃

就你落单了!

不知不觉就落在后面了,甚至听不到开跑的指令!

3 擅自闯入比赛中的跑道

危险!会影响比赛中的同学。

4 为同学加油时,突然站起来

会挡住后面的同学,别人就看不见场上的比赛了!

校园运动会 应该这样做 你一定能做到！

检录时听从裁判员的指令

比赛开始前，认真排队听从裁判员的安排。

在观众席的注意事项

不和老师打招呼，一个人去洗手间。

在观众席随意走动。

多多喝水。

比赛中的注意事项

当自己没有比赛的时候，要为其他同学加油助威哦！

比赛的时候要全神贯注，遵守比赛秩序，向着终点冲刺！大家努力的样子特别棒！

这样做更好！ 跑步更快的秘诀

跑步时用力向后挥动肘部。

不要东张西望，径直向着终点跑去。

用力踏地。

穿舒适的跑鞋。

搭乘公共交通工具

春游远足和校外实践的时候,大家需要搭乘公共交通工具才能到达目的地。

地铁

在地铁里不要大声喧哗和随意跑动哦!

不要坐在地上啦!

 **找找看**

他们在哪里?

✦ 答案在下一页 ➡

1. 把书包放在空座位上

2. 在车门口聚集

3. 没有系好安全带

4. 在车上随意走动

校车

不要随意打开窗户!

是不是有些晕车啊?

 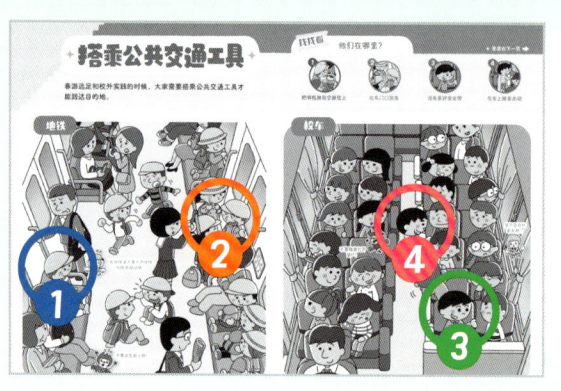

搭车公共交通工具时，不要有以下这些行为哦！

1 把书包放在空座位上

这种行为很不礼貌哦！

书包占了位置，其他人就没法坐了。

2 在车门口聚集

会影响上下车的其他乘客哦！

3 没有系好安全带

突然刹车的时候，很容易撞伤！

4 在车上随意走动

车辆晃动的时候容易摔倒哦！

搭乘公共交通工具时 应该这样做 你一定能做到！

搭乘地铁和校车时

坐下的时候

将书包放在大腿上，不要大声喧哗，安静端正地坐好。

站立的时候

抓紧扶手站稳。

×注意× 文明乘坐地铁

 ✗ 不要跑动。

 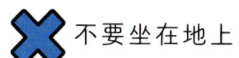 ✗ 不要坐在地上。

 ✗ 不要脚踩座椅。

当座椅上有安全带时

要确保安全带已经系好。

系好安全带，遇到危险有保障！

这种情况怎么办？

感到晕车时

大家晕车时要及时主动告诉老师。如果身边同学身体不舒服，也赶紧跟老师说哦！

遇到老人和行动不便的乘客时

礼貌让座，把座位让给有需要的人。

校外活动

大家在生物课上学到了很多知识,那么让我们走出校园,学以致用吧!

参加校外活动的时候,大家需要注意些什么呢?

找找看 他们在哪里？　　　　　　　　　　　　　　　✦ 答案在下一页 ➡

1. 随意离开队伍
2. 跨越栅栏 
3. 闯入花坛
4. 帽子随处乱放

这样做不太好吧？

答案在这里！

大家一起外出的时候，打闹、四处随意乱走的话，会发生什么事呢？

1 随意离开队伍

很容易和大家走散了。

2 跨越栅栏

危险！

小心，会摔下来！

3 闯入花坛

如果踩坏园丁辛勤种植的花草，其他人就无法欣赏了。

4 帽子随处乱放

一不小心就找不到了。

校外活动时 应该这样做 你一定能做到!

好好听老师的话

如果要暂时离开队伍，一定要告诉老师去哪里、做什么、几点归队。
要按时回来和大家集合哦！

大家都做到了，真棒！

排队的时候，和前面的同学保持合适的距离。

注意 在校外需要注意的事项

 ✕ 不要独自离队。

 ✕ 不要做危险的事情。

 ✕ 注意拿好自己的物品，不要丢三落四。

尊重花鸟鱼虫等小生命

见到喜欢的花和小动物，认真欣赏，但不能带回家哦！

注意 在大自然中，要爱护所有的生命

不要攀折树枝　　不要摘花　　不要触摸昆虫

汇报演出

学校会组织同学们举行汇报演出,会有很多人来看大家的节目哦!

 **找找看** 他们在哪里? ✦ 答案在下一页 ➡

1. 观看演出时随意站起来

2. 和周围的人聊天

3. 四处走动

4. 用手触摸展览品

观看汇报演出时，需要注意些什么呢？一起来看看吧！

1 观看演出时随意站起来

一定要好好坐着哦！

后面的观众就看不到舞台了。

2 和周围的人聊天

会影响其他人观看演出，听不清台上的声音。

3 四处乱走

这样可真不好。

扰乱其他观众的视线，大家没办法安心欣赏表演。

4 用手触摸展览品

有可能一不小心损坏其他同学用心制作的作品。

观看汇报演出时 **应该这样做** 你一定能做到！

安静地观看表演

观看演出时，要保持安静，不要影响到周围的观众。台上演出的同学看到观众都认认真真地欣赏，会备受鼓舞哦！

这很重要，要记牢！

不要触摸展览品

做得真棒呀！

展出的物品都是同学们十分努力的成果。不要触摸它们，在一旁欣赏就好。

这样做更好！ 参观美术馆和博物馆的注意事项

 随意触摸展览品

 大声喧哗

 拍摄展览品的时候打开闪光灯

预防感冒

1 早睡早起

2 长时间看电视，不和周围的人聊天

3 洗澡后，光着身子走动

4 洗澡后，马上穿好衣服

感冒有些不舒服，要及时告诉家人和老师。

头痛	怕冷	咳嗽	嗓子疼	流鼻涕	发烧

找找看

冬季是普通感冒和流行性感冒的高发季节，下面哪些行为会引发感冒呢？

5 饮食均衡

6 挑食，只吃爱吃的东西

7 外出回家后，不漱口也不洗手

8 外出回家后，认真漱口、洗手

生病了有可能会传染他人

预防感冒十分重要，要做好防护工作哦！

✗ 不要对着他人打喷嚏和咳嗽

〇 戴好口罩

答案：
2 3 6 7

很容易遇到坏人。

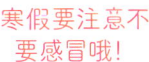
寒假要注意不要感冒哦!

终点
一起愉快地过寒假吧!

 错

独自一人去游戏厅。

否

是

在黑暗的地方一个人行走,这样很不安全!

太危险了!不能这样玩啊!

 错

对

是

和小伙伴玩火。

是

否

对

错

天黑前回家。

对

把得到的压岁钱全部花光。

否

是

错

不乱花钱,攒起来买喜欢的东西。

冬天天黑得很早,在外注意安全哦!

43

学校里的重要仪式

学校每年都会举办开学典礼或者毕业典礼这样重要的仪式。参加这些活动的时候,有什么注意事项呢?

找找看 他们在哪里？

答案在下一页

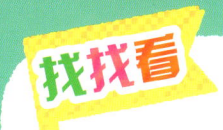

1 和周围的人聊天

2 面朝后坐

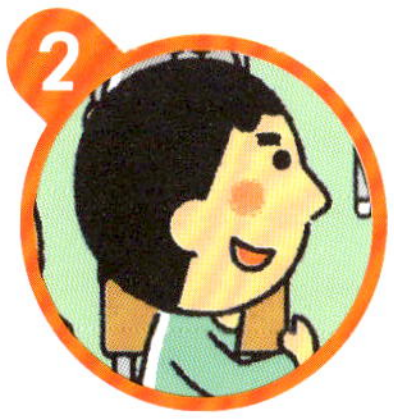

3 坐姿不端正

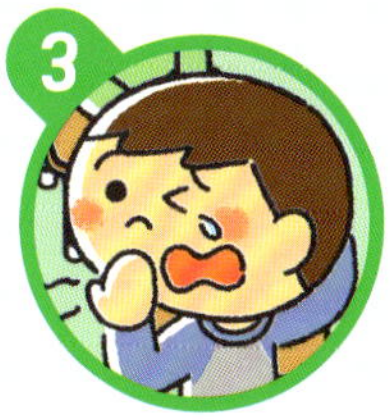

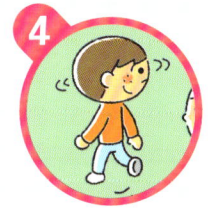

4 一个人四处乱走

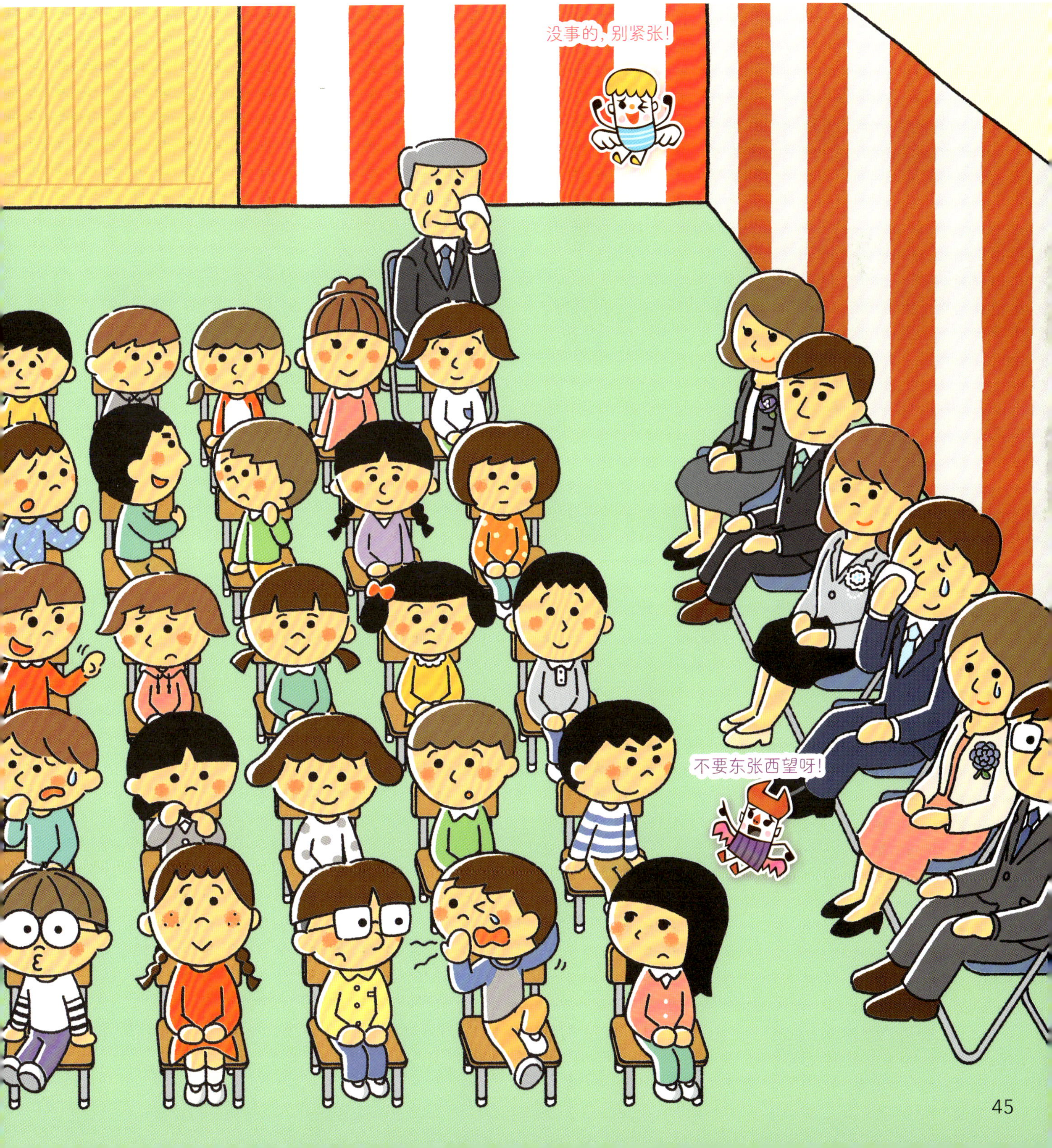

答案在这里！

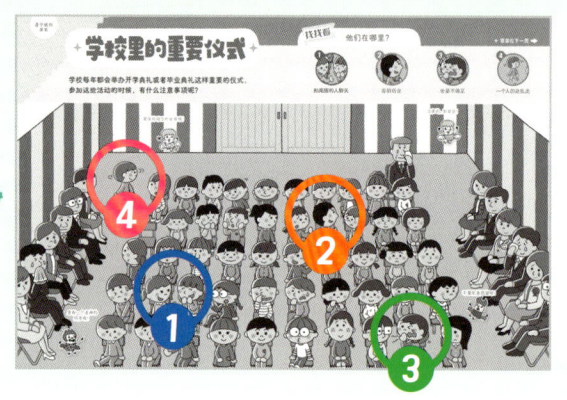

如果不能在重要场合保持安静，会发生什么情况呢？

1 和周围的人聊天

重要场合一定要保持安静！

自己和周围的人都听不到台上的声音了！

2 3 4 面朝后坐、坐姿不端正、一个人四处乱走

不仅会干扰到台上讲话的人，也会影响到身边的人！

参加重要仪式时 应该这样做 你一定能做到！

端正坐姿、笔直站好

参加重要活动时，保持安静、认真听讲，才是最棒的小学生！

挺直腰背坐好，这样看起来很有精神！

坐着的时候

- 手腕紧靠身体。
- 不要驼背，紧靠椅背。
- 手放在膝盖上面。
- 坐满全部的椅子。
- 脚底贴紧地面。

站着的时候

- 眼睛目视前方。
- 五指并拢，手贴在身体两侧。
- 挺直后背。

认真行礼

认真鞠躬或敬礼。

向他人表达感谢之情

在不同的场合，大家的心里会涌现出不一样的情感，记得认真地向对方传达自己的心意。

谢谢您！

在毕业典礼上，对自己的老师说声谢谢吧！

这样做更好！ 不要紧张，慢慢来

目光直视台上讲话的人。

有时候重要的活动会持续很长的时间。大家在活动开始前，记得去上趟卫生间吧！

クイズでわかる！学校の生活「2　1年のきまり」
広中忠昭・監修
Quiz de Wakaru! Gakkou no Seikatsu 2 1nen no Kimari
© Gakken
First published in Japan 2019 by Gakken Plus Co., Ltd., Tokyo
Chinese Simplified character translation rights arranged with Gakken Plus Co., Ltd. through Shinwon Agency Co.
本书中文简体版专有版权由Gakken Plus Co., Ltd. 经由Shinwon Agency Co. Beijing Representative Office授予电子工业出版社。未经许可，不得以任何方式复制或者抄袭本书的任何部分。

版权贸易合同登记号　图字：01-2020-7401

图书在版编目（CIP）数据

开学第一课. 学校的一年 / 日本学研教育出版社编著；郭薇译. --北京：电子工业出版社，2021.7
ISBN 978-7-121-40940-0

Ⅰ. ①开… Ⅱ. ①日… ②郭… Ⅲ. ①小学生－入学教育 Ⅳ. ①G625.5

中国版本图书馆CIP数据核字（2021）第062818号

责任编辑：苏　琪　　文字编辑：翟夏月
印　　刷：天津海顺印业包装有限公司
装　　订：天津海顺印业包装有限公司
出版发行：电子工业出版社
　　　　　北京市海淀区万寿路173信箱　邮编：100036
开　　本：787×1092　1/16　印张：8.75　字数：59.00千字
版　　次：2021年7月第1版
印　　次：2023年4月第3次印刷
定　　价：90.00元（全3册）

凡所购买电子工业出版社图书有缺损问题，请向购买书店调换。若书店售缺，请与本社发行部联系，联系及邮购电话：（010）88254888，88258888。
质量投诉请发邮件至zlts@phei.com.cn，盗版侵权举报请发邮件至dbqq@phei.com.cn。
本书咨询联系方式：（010）88254161转1821，zhaixy@phei.com.cn。

- 开学典礼
- 春游
- 带着美食去郊游
- 游泳课
- 野外露营

- 愉快过暑假
- 校园运动会
- 搭乘公共交通工具
- 校外活动

- 汇报演出
- 预防感冒
- 有趣的寒假
- 学校里的重要仪式

责任编辑：苏 琪
责任美编：孙 莹
装帧设计：佟思雨

上架指南：少儿绘本
ISBN 978-7-121-40940-0
定价：90.00元（全3册）

开学第一课

学校生活能力培养小百科

日本学研教育出版社 / 编著　　郭薇 / 译

中国工信出版集团　电子工业出版社
PUBLISHING HOUSE OF ELECTRONICS INDUSTRY
http://www.phei.com.cn

学校生活能力培养小百科

日本学研教育出版社 / 编著　　郭薇 / 译

电子工业出版社
Publishing House of Electronics Industry
北京·BEIJING

开学第一课
学校生活能力培养小百科

目录

- ✦ 各种各样的问好方式 ……………… 第 **6** 页
- ✦ 分辨左右的方法 …………………… 第 **8** 页
- ✦ 认识时间 …………………………… 第 **10** 页
- ✦ 正确使用铅笔 ……………………… 第 **12** 页
- ✦ 正确的刷牙方法 …………………… 第 **14** 页
- ✦ 正确的洗手步骤 …………………… 第 **16** 页
- ✦ 受伤时的处理方法 ………………… 第 **18** 页
- ✦ 筷子的使用方法 …………………… 第 **22** 页
- ✦ 配餐和营养 ………………………… 第 **24** 页
- ✦ 一起叠衣服 ………………………… 第 **26** 页
- ✦ 营造良好的学习环境 ……………… 第 **28** 页

写给即将迈入小学校门的你

欢迎来到一年级！大家读完这本书，可以更好地了解小学生活，愉快、安全、充实地度过这一段美好的时光。你和你的小伙伴可以通过书中的找找看环节，牢牢记住那些学校生活中重要的知识点。

和幼儿园不同，小学会有更多各种各样的规则需要我们来遵守。到学校后，由于爸爸妈妈不在身边，而大家要和同学们度过相当长的时间，所以彼此之间要友爱相处、互相帮助。大家逐渐会凭借自己的力量，解决越来越多的问题，变得越来越能干。读完这本书后，你们一定会成为最棒的小学生！

广中忠昭

- ◆ 睡前的准备工作 ············ 第 **30** 页
- ◆ 你会打伞吗 ············ 第 **32** 页
- ◆ 安全外出玩耍 ············ 第 **34** 页
- ◆ 地震发生时 ············ 第 **38** 页
- ◆ 遇到火灾怎么办 ············ 第 **40** 页
- ◆ 让电脑成为你的好帮手 ············ 第 **42** 页

一起试试看！

 第 **20** 页　身体大探索！　　 第 **36** 页　危险地方易迷路

本书使用方法

大家可以在这本书中找到很多培养自理能力的小知识，这些知识对于我们小学六年的生活至关重要。只要大家勤于练习，一定能够成为最优秀的小学生！

本节所要学习的技能分类

首先我们可以在这里看到本章会学到哪些技能。下方的圆圈将技能进行了分类，具体解释请见下表。

生活	可以帮助我们更加顺利生活的小技巧。
学习	提高学习效率的小方法。
健康	强健体魄的小窍门。
安全	提高安全意识的方法。

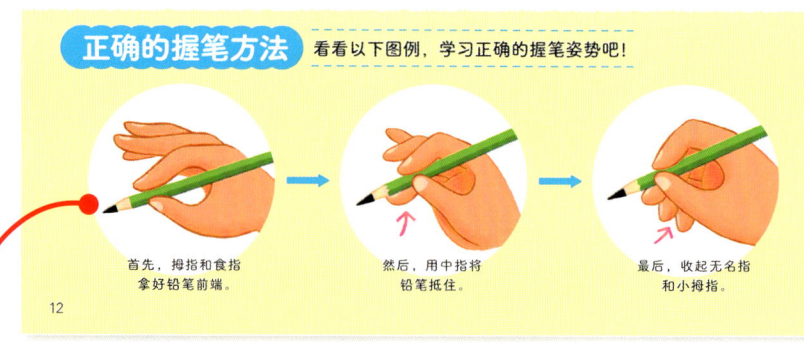

更加详细的说明和趣味知识点

对技能做更加全面的说明，在这里大家可以看到具体步骤或者更多细节。

我们是"帮助小天使"

我们是小天使和小恶魔,学校里的规则我们最了解!

② 用插图的形式介绍技能

大家可以看着插图,更直观地了解本章所学的知识。

④ 一起猜猜看!

每一页都会有一道跟本节内容相关的小问题,相信聪明的你一定可以找到正确答案。

生活

各种各样的问好方式

出门时

注意安全哦。

我出门啦!

早上好!

早上好!

让我们精神饱满地互相问好吧!

上学路上碰到同学时

和老师打招呼　　尊重、有礼貌地说话

老师,上午好!

上午好!

阿姨,谢谢您!

不客气!

大家在不同的场景需要使用不同的问候方式。来看看你掌握了多少吧！

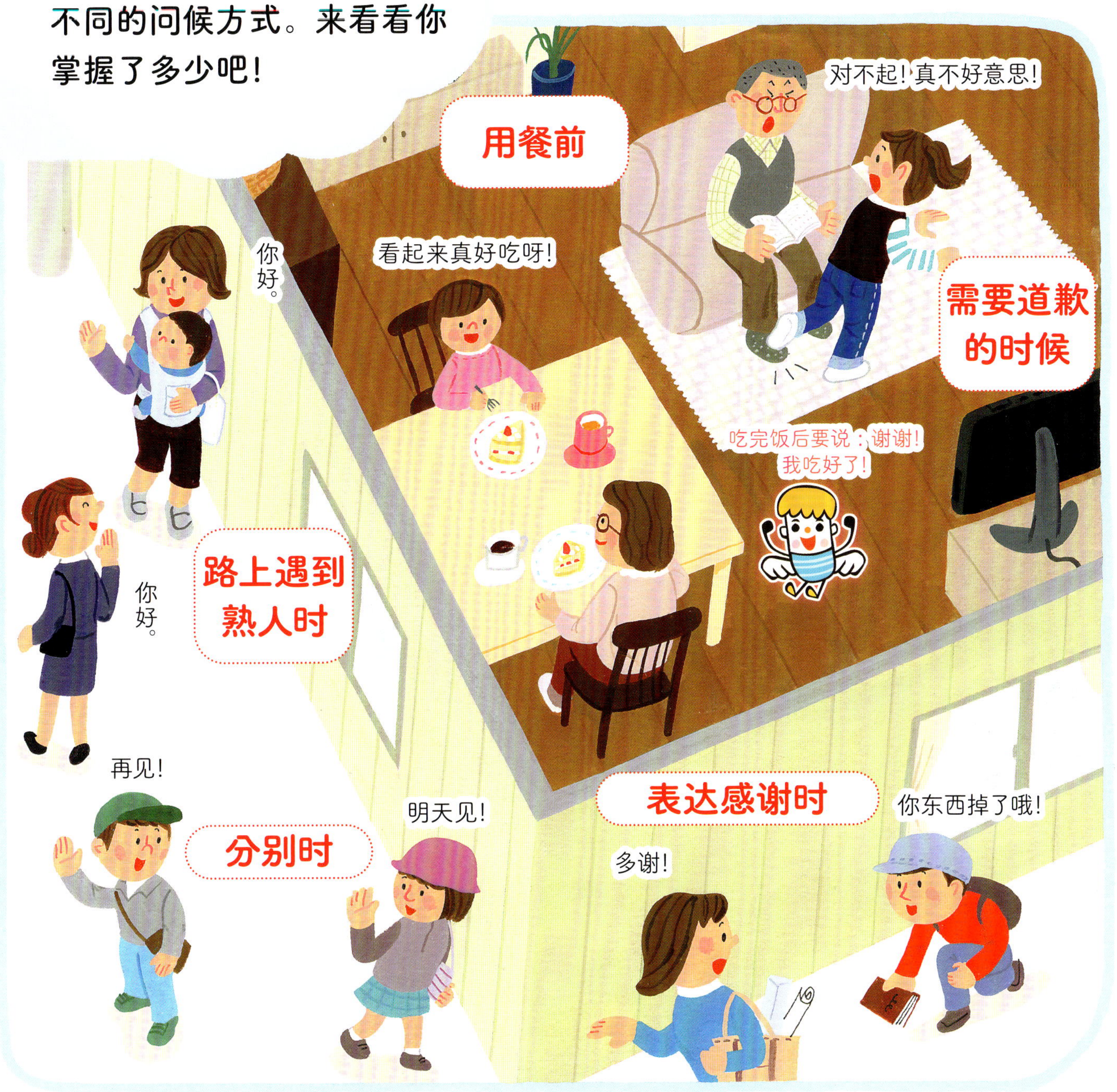

用餐前
看起来真好吃呀！

需要道歉的时候
对不起！真不好意思！

你好。

路上遇到熟人时
你好。

吃完饭后要说：谢谢！我吃好了！

分别时
再见！
明天见！

表达感谢时
多谢！
你东西掉了哦！

啊呀，谢谢你。
不客气。

回应老师的点名时要大声
小爱同学。
到！

猜猜看

去朋友家做客，在门口问候时，我们不能使用以下哪句话呢？

❶ 你好。
❷ 我回来啦。
❸ 打扰啦。

答案见第9页

生活

分辨左右的方法

把手张开试试看呀!

左手

端水杯应该用哪只手?

哪只手是你的最爱?

你平时习惯用哪只手做以下事情呢?看看其他同学是否和你一样。

拿笔写字的手

扔球的手

更擅长单脚站立的腿

哪边是左？哪边是右？
你能迅速区分吗？

第 7 页的答案
❷ 我回来啦。

很容易搞混左右哦！

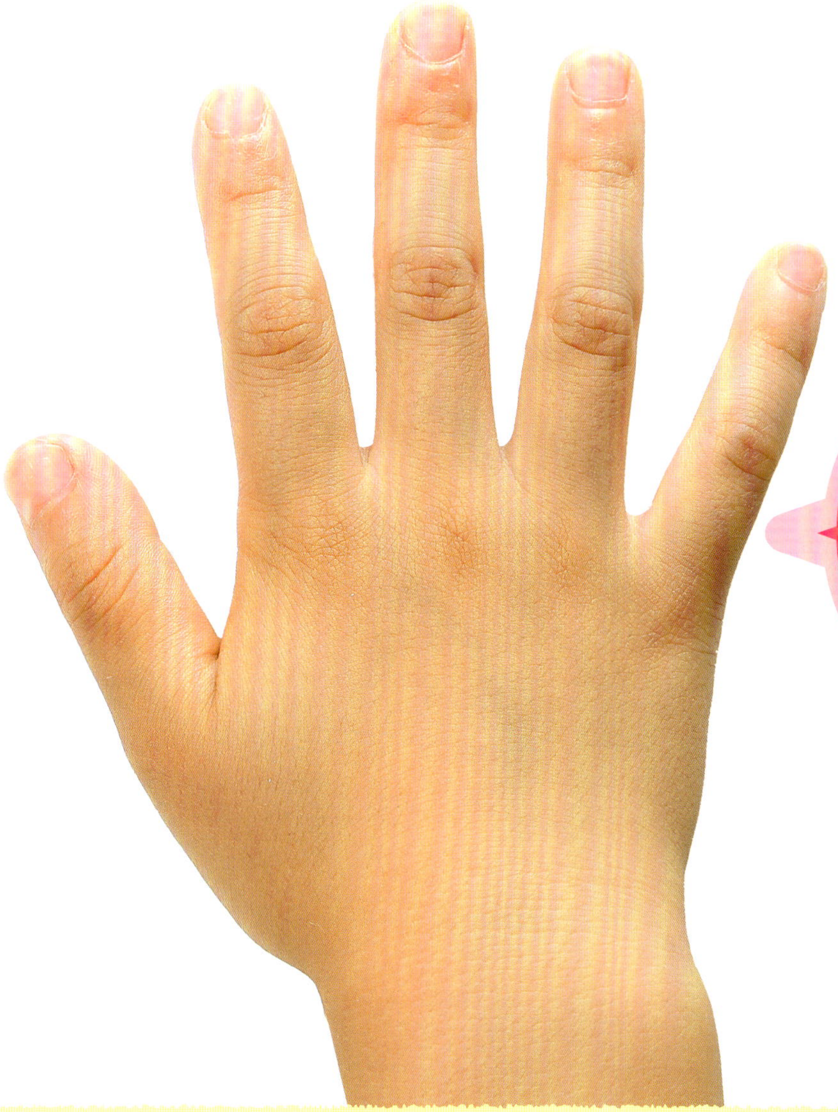

右手

发现生活中的左右

吃饭时，米饭在左侧，菜和汤在右侧。

读书时，要从右向左翻页阅读。

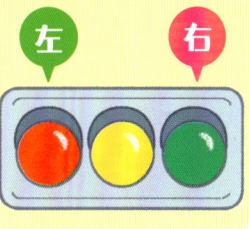

红绿灯上，红灯在左，绿灯在右。

猜猜看

❶❷❸❹ 是左，还是右？

答案见第 11 页

9

认识时间

整点和半点

我们把一个小时（60分钟）的一半，称为半小时。

9点

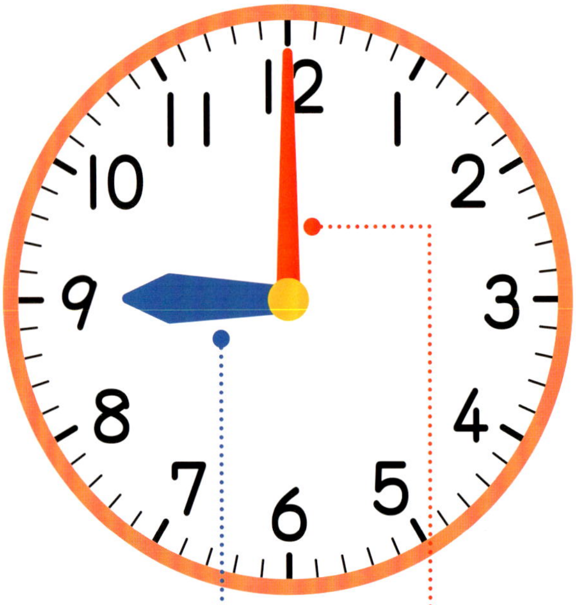

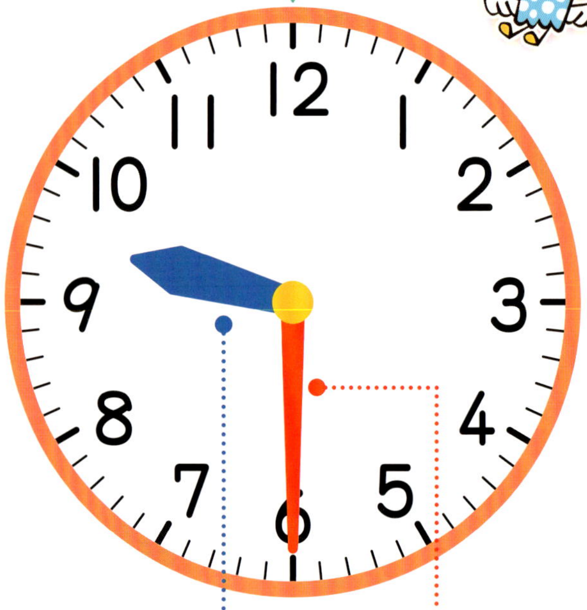

- 短针：**小时** 指示小时的指针。现在指向9。
- 长针：**分钟** 指示分钟的指针。现在指向12。

9点半

- 短针：现在指针位于9和10的中间。
- 长针：现在指向6。

时间表

大家上学时，可以留意一下班里的时钟。

不同学校的时间表会有所不同。

8点 — 去学校上学。

8点半（8点30分）— 开始上课。

学校的上课时间和午饭时间都是固定的。大家可以学着看看时间，然后愉快地度过美好的一天哦！

第 9 页的答案
1 右脚 2 左手
3 右手 4 右脚

数一数指针指向第几格哦！

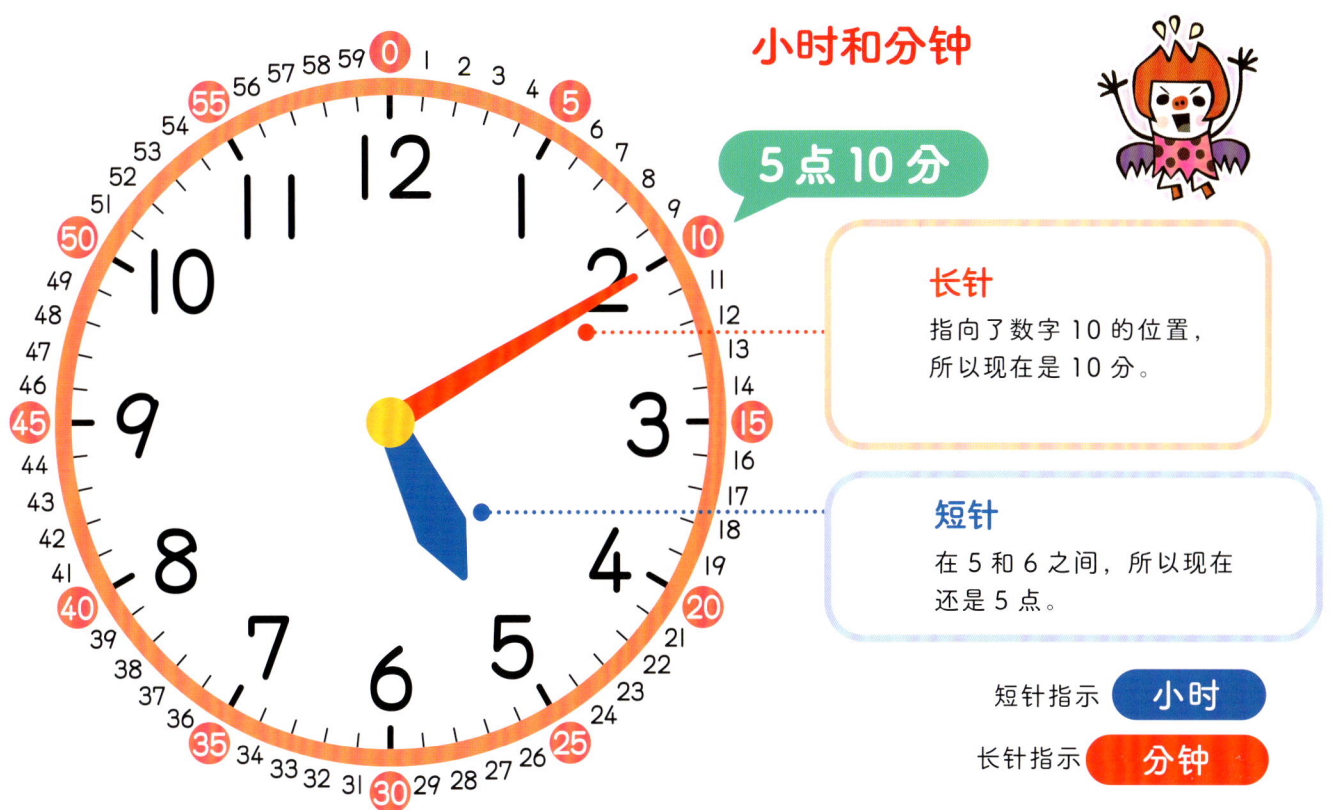

小时和分钟

5 点 10 分

长针 指向了数字 10 的位置，所以现在是 10 分。

短针 在 5 和 6 之间，所以现在还是 5 点。

短针指示 **小时**
长针指示 **分钟**

长针走 1 小格，代表 1 分钟。

现在是几点几分呢？

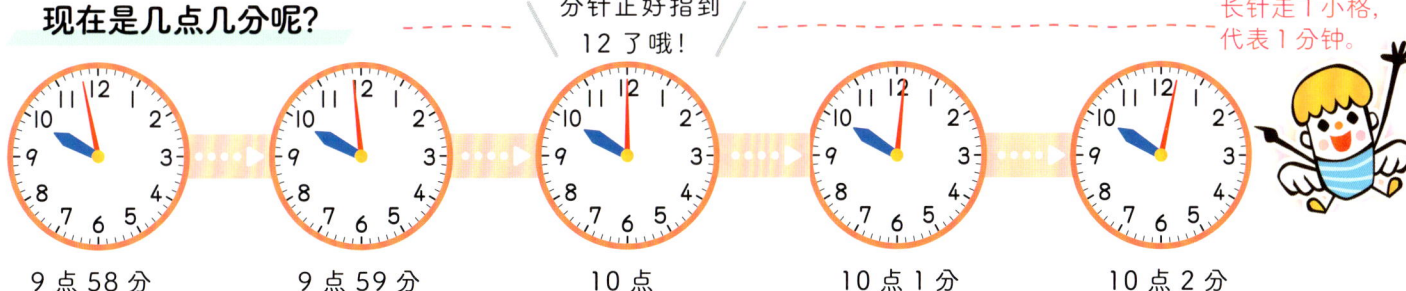

分针正好指到 12 了哦！

9 点 58 分　　9 点 59 分　　10 点　　10 点 1 分　　10 点 2 分

12 点 15 分 — 午饭时间

下午 3 点 — 放学回家

猜猜看

看看现在长针和短针的位置，是几点呢？

1 10 点 5 分
2 9 点 35 分
3 9 点 55 分

答案见第 13 页

学习 正确使用铅笔

握笔姿势不正确的话，写字的时候会不舒服哦！

食指不要过度用力。

将铅笔靠在虎口处握好。

使用 2B 这样较软的铅笔芯。

正确的握笔方法
看看以下图例，学习正确的握笔姿势吧！

首先，拇指和食指拿好铅笔前端。

然后，用中指将铅笔抵住。

最后，收起无名指和小拇指。

用正确的方法握笔书写，可以写出非常好看的字哦！

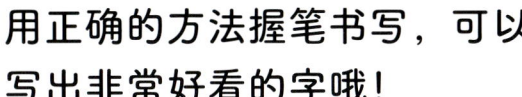
第 11 页的答案
③ 9 点 55 分

身体与桌子保持一拳的距离。

挺直后背。

坐下时，坐得靠后一些。

握笔时的俯视角

做得真不错！

猜猜看

以下哪种是正确的握笔姿势？

① ② ③

和正确姿势的图片比较一下吧！

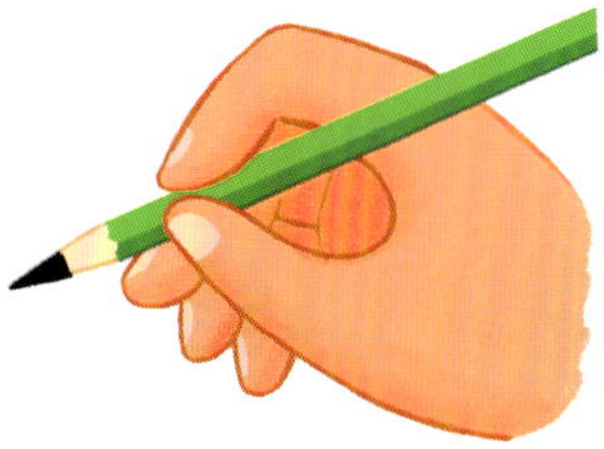

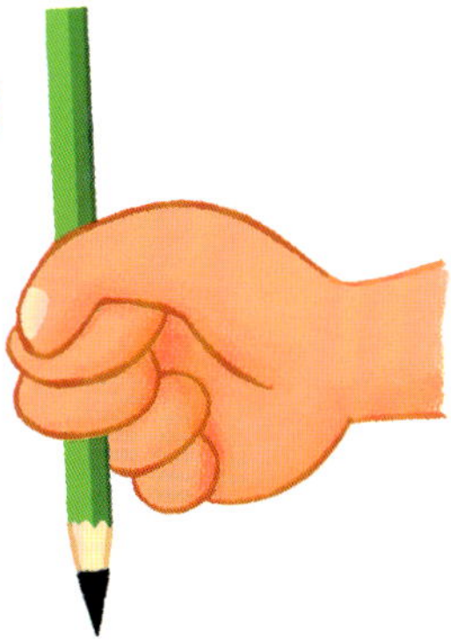

✦答案见第 15 页

健康

正确的刷牙方法

切牙和尖牙

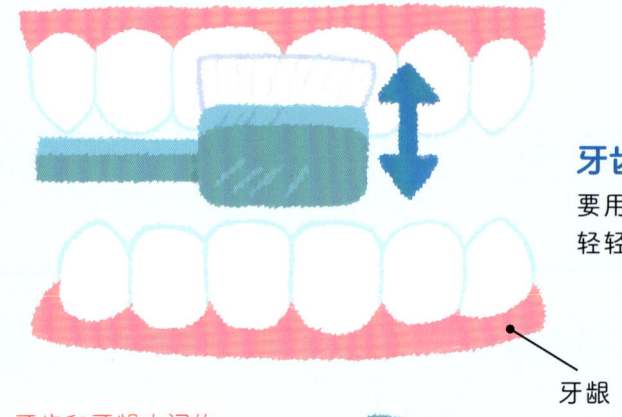

牙齿外侧
要用牙刷上下轻轻刷。

牙龈

牙齿和牙龈之间的缝隙很容易积攒食物残渣,刷这里要尤其认真。

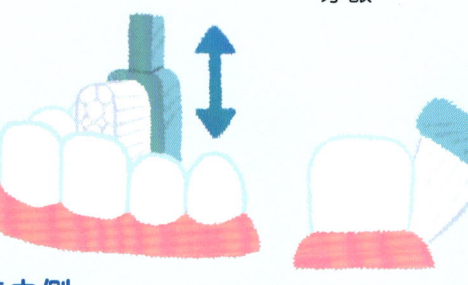

牙齿内侧
刷牙齿内侧时,要把牙刷倾斜45度。如果牙刷和牙完全垂直,会刷不干净哦。

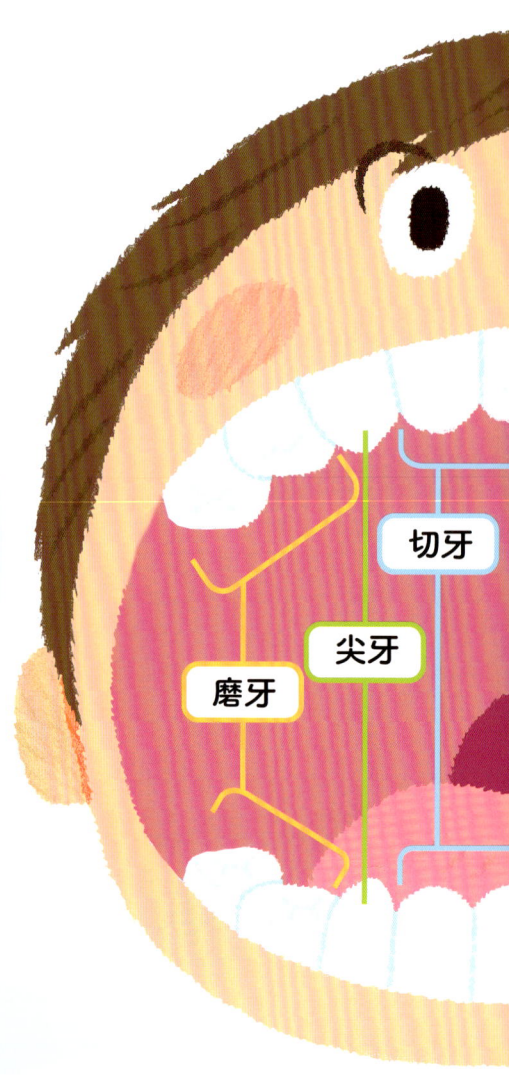

切牙

尖牙

磨牙

如果不好好刷牙,牙齿会变成什么样?

食物的残渣会慢慢破坏牙齿表面,最终形成蛀牙。

食物的残渣 → 牙菌军团最喜欢这些残渣了!看哪,军团的规模不断壮大! → 牙菌军团产生的代谢物会不断腐蚀牙齿。 → 最终形成蛀牙。

乳牙脱落后重新生长出的牙齿称为恒牙，恒牙会伴随我们一生。所以大家要认真刷牙，保护好牙齿哦！

磨牙

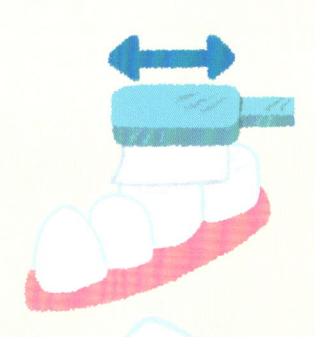

上面
用牙刷在磨牙的表面，呈水平方向摩擦。

侧面
将牙刷刷毛侧过来，认真刷。

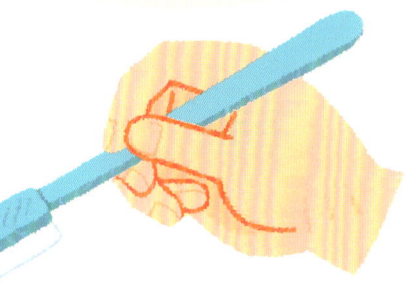

牙刷的持握方式
和握铅笔的方法一样哦。　牙刷拿得太靠后啦！

猜猜看

仔仔细细刷牙，把牙菌军团全赶跑！

最里面的牙更要好好刷
磨牙位于口腔后方，很容易积累食物残渣，大家刷牙时一定要重视起来。

刷牙时，需要用多少牙膏呢？

❶ 挤得多多的。

❷ 挤黄豆大小就够。

+ 答案见第17页

健康

正确的洗手步骤

1 挽起袖子

2 在湿手上涂抹肥皂

6 一只手握住另一手大拇指旋转，交替清洗手指

7 将五个手指尖并拢在另一手掌心摩擦

8 旋转揉搓腕部

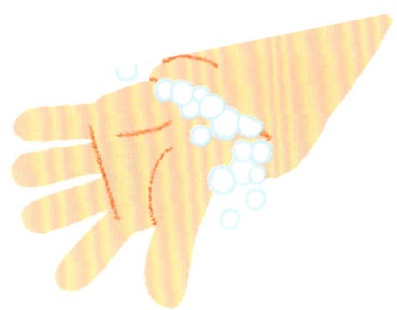

一起来漱口

外出回家，别忘了漱口哦。漱口可以赶跑那些看不见的细菌和病毒。

1 含一口水鼓动嘴巴，漱洗整个口腔。

2 抬头发出"啊"的声音。

外出回家和吃饭前,大家要记得把小手清洗干净哦!

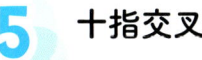
第15页的答案
❷ 挤黄豆大小就够。

3 掌心相对,反复搓洗

洗手的步骤不能偷懒!

4 掌心搓手背

5 十指交叉搓洗

9 认真用流水冲洗双手及手腕

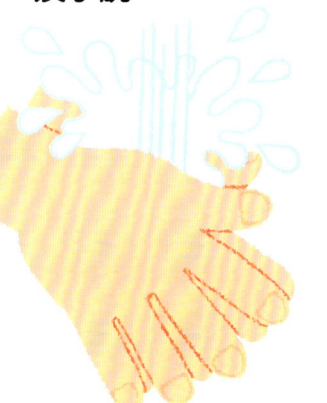

10 用纸巾或干净的手绢将手擦干

看,多干净!

这样的步骤重复2~3遍哦!

 猜猜看

洗完手后应该怎么做?

3 把口中的水全部吐出。

❶ 让手自然晾干。

❷ 用衣服擦干。

❸ 用手绢或纸巾擦干。

答案见第19页　17

健康

受伤时的处理方法

擦伤 割伤

不要怕，这点小伤没关系的哦！

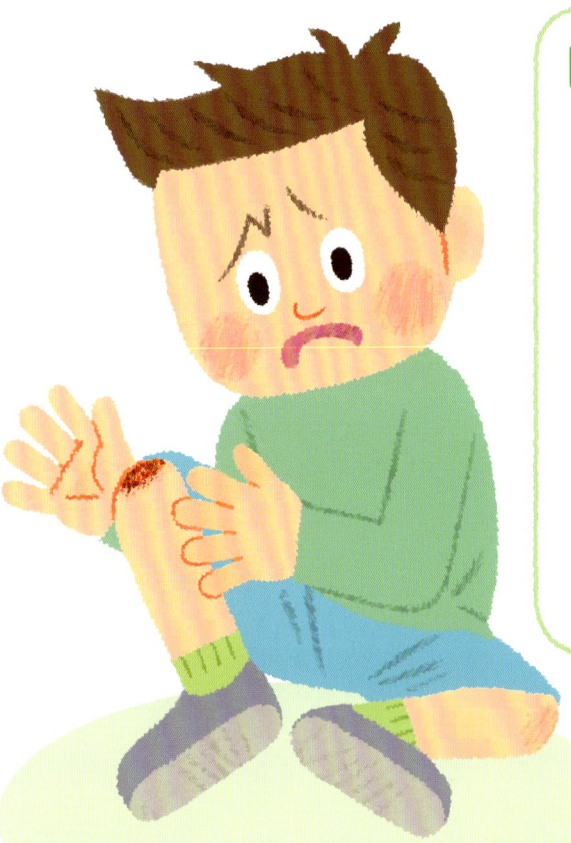

1 先用流水把伤口上的污垢冲洗干净。

2 去医务室，请老师看一下受伤的严重程度。

注意安全　避免受伤

大家要学会分辨哪些是危险的场合和动作，从而避免受伤。

 不要从高处探出身体。

 不要从很高的地方跳下来。

第 17 页的答案
❸ 用手绢或纸巾擦干。

有时候，我们在摔倒后或者莫名其妙地流鼻血。这个时候，我们应该怎么办？

去医务室寻求帮助

当我们受伤或者身体不适时，可以去医务室找老师求助。

流鼻血

1

不要把头向后仰。

不要紧张！坐好，将头稍微低下。

2

用手指紧紧地把鼻翼摁压住，一直到不流血了再松开。

3

当血停止向外流时，可以用干净柔软的纸巾卷成细条，塞住鼻腔。鼻腔黏膜很脆弱，动作一定要轻柔。

✗ 观察好周围环境再奔跑，否则会很容易撞到别人。

不要用手抠结痂

你是不是总忍不住想去抠伤口处的结痂呢？结痂可以保护即将愈合的伤口，大家不要把它碰掉哦。

抠掉结痂，容易让伤口留下疤痕。

猜猜看

脚扭伤肿了，应该怎么处理呢？

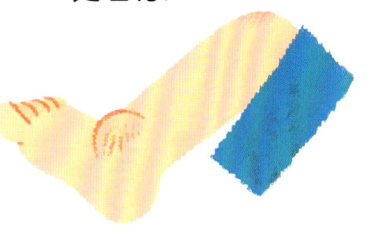

❶ 冷敷　　❷ 热敷

➡ 答案见第 23 页

生活

筷子的使用方法

记住拿筷子的正确姿势,这样夹取食物更方便!

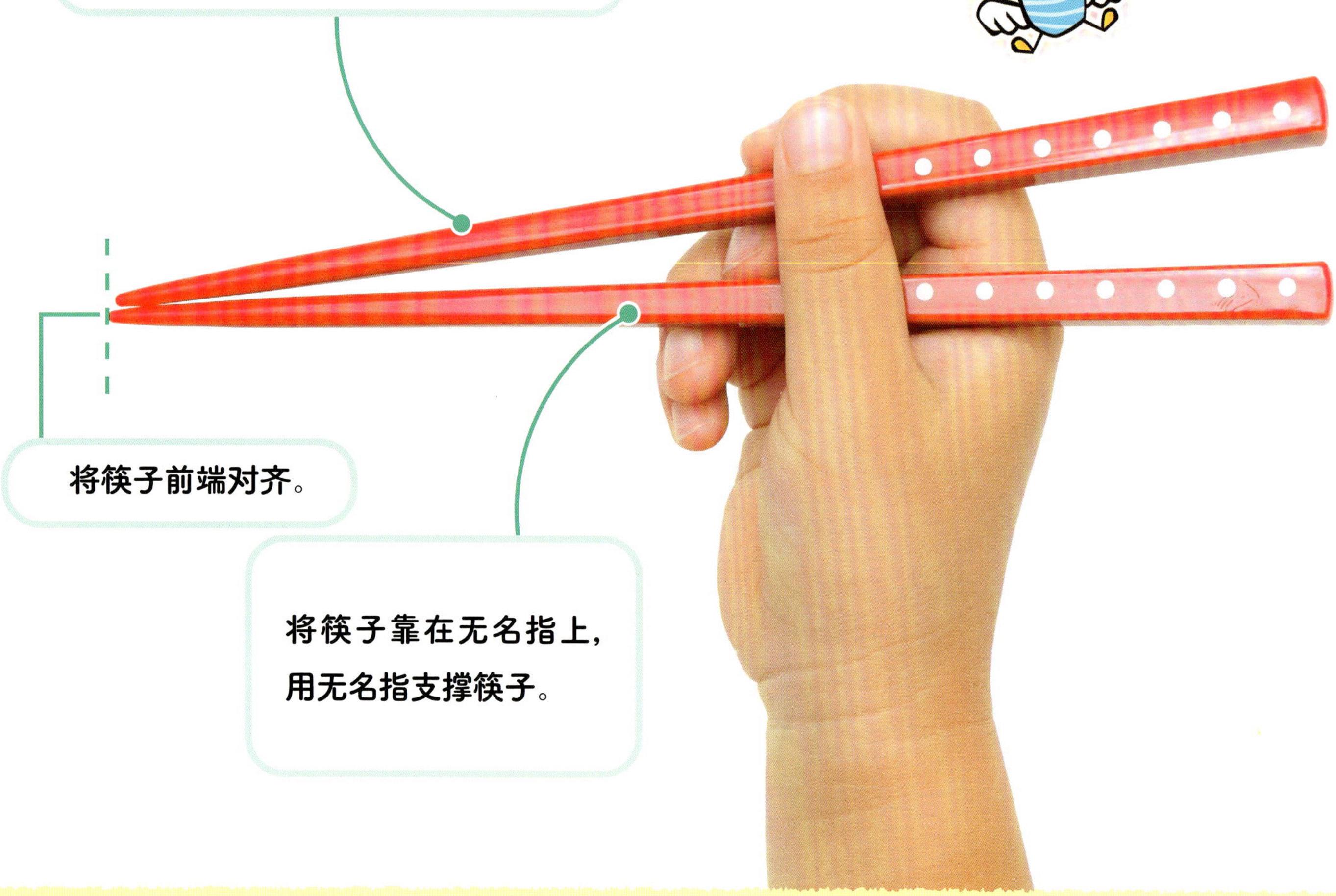

我们可以用拇指、食指和中指配合起来使用筷子。

将筷子前端对齐。

将筷子靠在无名指上,用无名指支撑筷子。

这样使用筷子可不对!

不要这样做哦!

敲打碗筷

用筷子敲击吃饭的碗碟。

切断食物

拿一根筷子,像小刀一样切食物。

舔舐筷子

把筷子放在嘴里舔个不停。

叼着筷子

咽下食物后,还在嘴里叼着筷子不松口。

筷子是我们用来夹取食物的重要餐具，大家要努力学习使用筷子哦。

第 19 页的答案
❶ 冷敷

拿筷子的姿势和拿铅笔有点儿像呀。

拿筷子的步骤分解

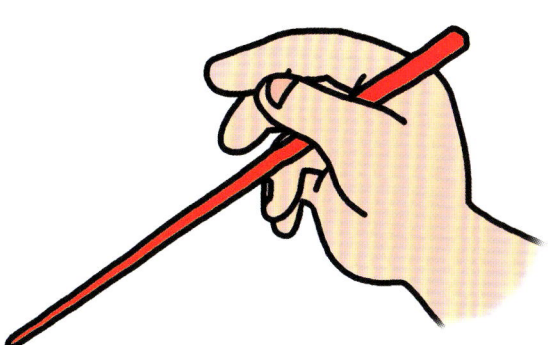

1 用拇指和食指间的虎口握住一根筷子。

2 用食指、中指和无名指固定住另外一根筷子。

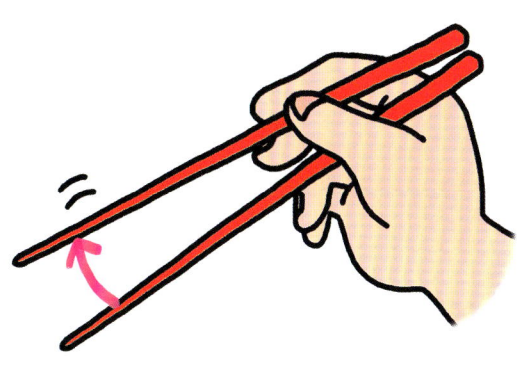

3 试着用食指发力，分开筷子的前端，夹取一些食物吧！

猜猜看

举得过高

吃饭时，把筷子高举过嘴。

拨弄餐具

用筷子把离自己稍远的碗拨过来。

举筷不定

不确定吃什么，拿着筷子在饭菜里挑来挑去。

像图上的小朋友这样，端起碗，拿筷子往自己嘴里不停地拨饭，这样做恰当吗？

❶ 恰当
❷ 不恰当

✦ 答案见第 25 页

配餐和营养

配餐的学问

不知道大家有没有注意到，我们一般吃饭的时候，食物摆放的位置是有一定道理的哦。

- 饮品一般放在餐盘的左上角。
- 肉、菜等大份的主菜，一般位于右上角。
- 米饭一般位于我们的左手边。
- 筷子放在离我们最近地方，用餐时需要从右边拿起筷子。
- 汤羹类的食物位于餐盘右下角。

端碗的正确方法

吃饭的时候，我们可以这样把碗端起来。

- 大拇指捏住碗沿，要注意不要伸到碗内哦。
- 碗沿
- 碗底
- 中指、无名指和食指三指并拢，扶稳碗底。

千万不要将手指伸进碗内哦！

合理的配餐有助于大家摄入营养更均衡的食物。

第 23 页的答案
❷ 不恰当

科学配餐，营养均衡

为了强健体魄，大家每天都要摄入以下三类食物哦。

黄色食物

日常活动的能量来源

米饭　面包　杂粮　面条

不要挑食，多吃主食才能精神满满！

红色食物

塑造强壮的体格

肉类　鱼类　牛奶　豆腐　鸡蛋

绿色食物

富含身体所需的各种重要元素

水果　藻类　蔬菜

猜猜看

以下哪种拿碗方式是正确的呢？

❶ 　❷

拿不好，很容易摔碎碗哦！

如果大家拿碗的方法不对，一不小心就会把食物黏在手上，甚至把碗摔碎，那样会很危险！

➜ 答案见第 27 页

生活

一起叠衣服

衬衫、外套

叠短袖的方法也与之类似，一起试着叠叠看吧！

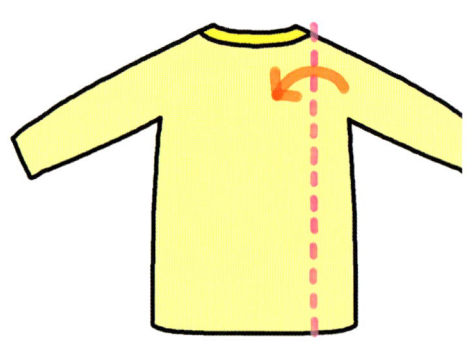

1 把衣服背面朝上，按照虚线和箭头方向叠过去。

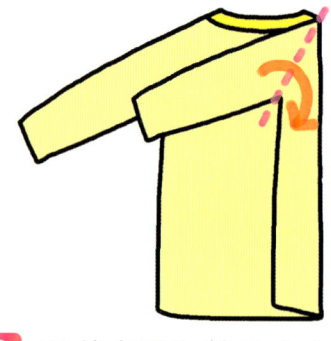

2 沿着虚线和箭头方向叠过去。

3 另外一侧也这样操作。

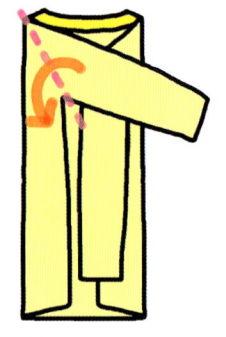

4 再沿着虚线叠回来。

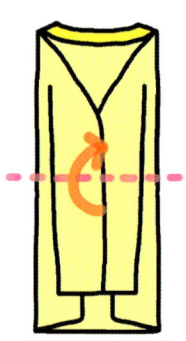

5 再沿着虚线向上折叠。

6 最后将正面翻转过来。

叠好啦！

如果不叠衣服，会怎么样？

叠衣服很重要。如果不叠衣服，会变成什么样呢？

衣服皱皱巴巴的，看起来真邋遢。

把衣服一股脑地塞进包中。

拿出来时，衣服都变得皱皱巴巴了。

第 25 页的答案
❷

掌握叠衣服的方法后，大家的衣服就能保持平整，这样的衣服穿起来显得特别精神！

裤子

沿着虚线将裤子对折。

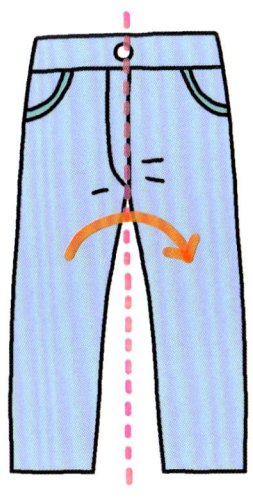

❷ 将裤子上半部翻折下来。

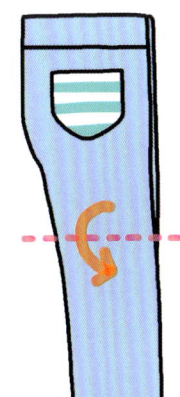

❸ 再将剩余的上半部继续对折。

叠好啦！

裙子

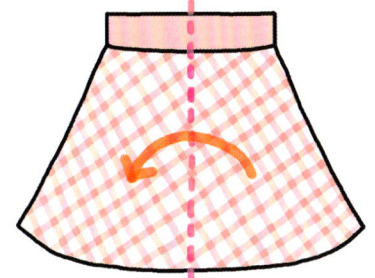

❶ 将裙子沿着虚线从右向左叠过去。

❷ 将裙子上半部向下翻折。

叠好啦！

猜猜看

哪位同学更精神？

衣服脱下来不叠好，堆在一边。

衣服乱作一团，里外混在一起，想再穿起来会变得十分麻烦。

❶ 衣服平整如新。　❷ 衣服褶皱很多。

答案见第 29 页

学习

营造良好的学习环境

真是个乱哄哄的教室啊!

东西都从柜子里掉出来了。

将整个书包放入自己的柜子中。

在课桌上随意堆放物品。

如何整理课桌桌斗

我们可以通过整理桌斗,更便捷地拿取文具。

剪刀、彩色铅笔、尺子、蜡笔、胶水、笔记本、课本、铅笔盒

不同的班级,要求可能会有所不同。

将大小不同的物品分开放置,更容易整理。

第 27 页的答案
①

我们把自己的物品妥善收拾好，不仅可以营造出适合学习的氛围，而且也能养成不乱丢东西的好习惯。

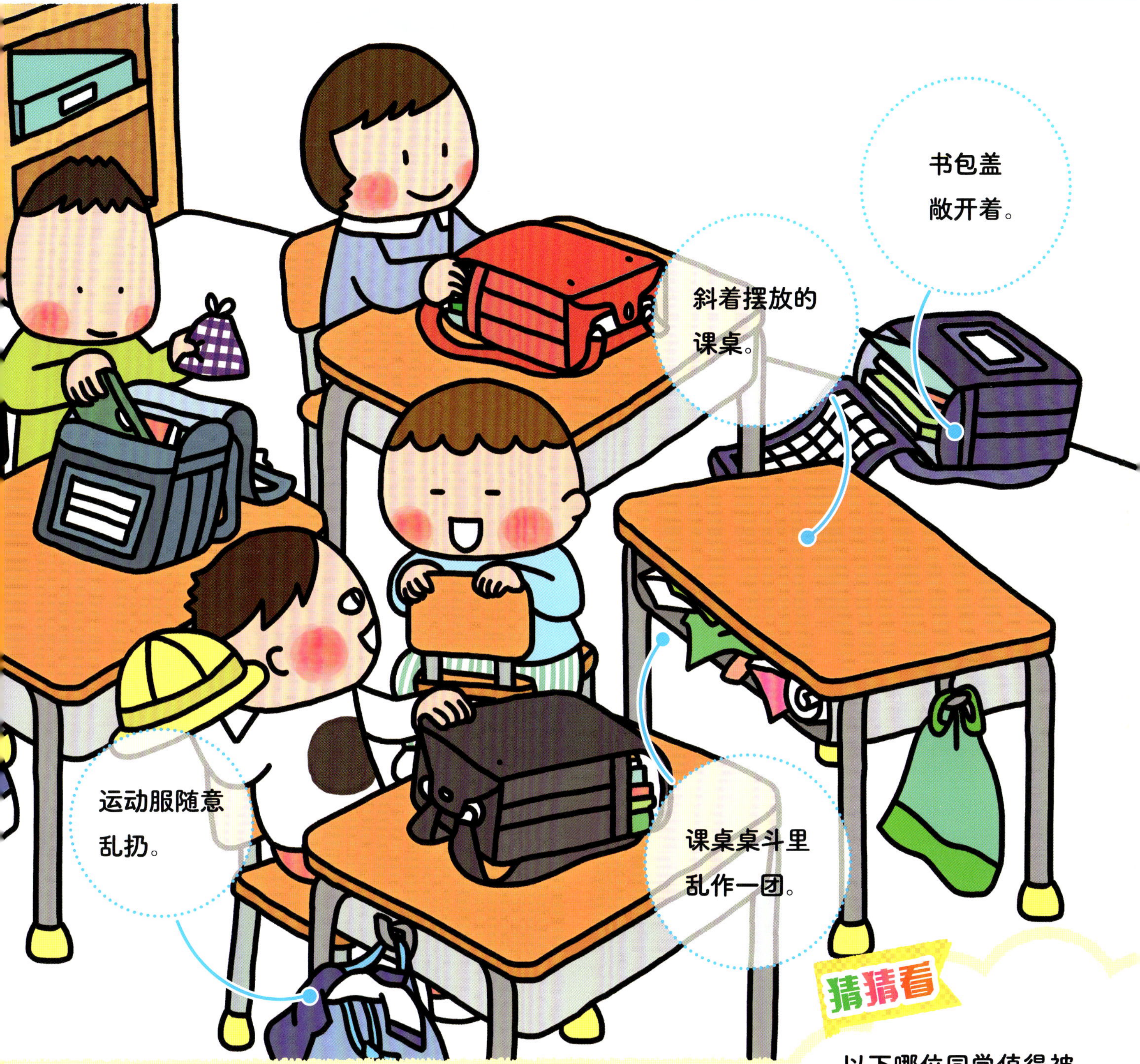

书包盖敞开着。
斜着摆放的课桌。
运动服随意乱扔。
课桌桌斗里乱作一团。

图书角

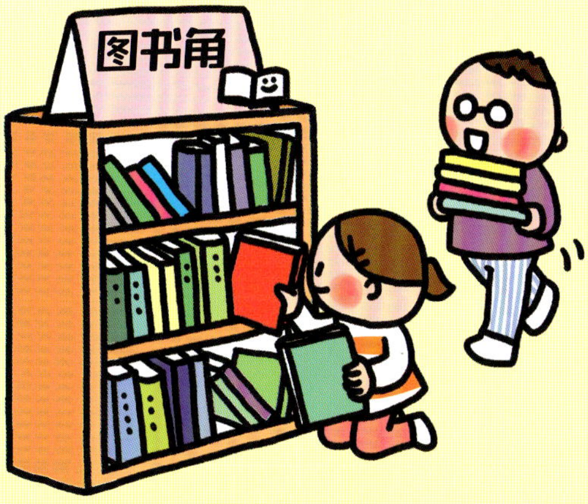

班级是我家，维护靠大家

教室是我们大家共同学习的地方，需要共同维护教室整洁，尤其是像图书角这样的地方哦！

猜猜看

以下哪位同学值得被表扬？

① 把自己的物品妥善放入柜子中的同学。

② 胡乱把东西塞到柜子中的同学。

✦答案见第 31 页

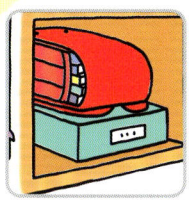

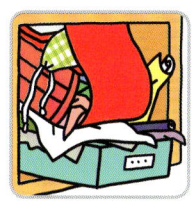

生活

睡前的准备工作

大家可以把第二天上学需要准备的东西列在清单上，贴在房间里。这样睡前就可以对着这张表准备啦，从此之后不再丢三落四。

每天都需要检查的物品
- 课本
- 笔记本
- 家长联络簿
- 削好的铅笔（2支）
- 手绢或纸巾
- 帽子

不常用到的物品
- 运动服
- 拖鞋
- 从图书室借的书

睡觉前需要做的事

睡前的准备工作十分重要，因为良好的睡眠会让我们第二天精神百倍哦！

洗个热水澡
可以充分放松身心。

按时睡觉
到了应该睡觉的时间，就要赶紧上床休息。

睡觉前做一些舒缓安静的运动
睡前不要剧烈运动，不然很容易兴奋过度，睡不着哦！

大家做好睡前准备，第二天才不会忘带东西。
上学应该带些什么东西呢？

> **第 29 页的答案**
> ❶ 把自己的物品妥善放入柜子中的同学。

可以根据自己学校的规定来制作表格。

一回家就做作业
回家后就要马上开始做作业。夜深了就会发困，很容易忘记做作业。

自己定好闹钟
在睡觉前，自己就设定好第二天的闹钟时间。

准备好明天要穿的衣服
在床边放好第二天要穿的衣服。这样一大早就能迅速穿好衣服出门了。

晚上准备好，明早不慌张！

去洗手间
睡前记得去一次洗手间，这样才能睡个好觉。

和家人说晚安
记得要和家里人说声晚安哦。

猜猜看

以下哪个物品不能带到学校？

❶ 甜点　　❷ 橡皮　　❸ 扑克牌

 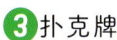

❹ 手绢　　❺ 铅笔盒

✦答案见第 33 页

生活

你会打伞吗

雨伞不是玩具!

不要正对着人打开雨伞。

雨天地滑,要多多小心哦!

不要在积水处跳来跳去。

文明使用雨伞的方法

大家打伞时,除了要避免自己淋湿之外,也要注意不要影响到别人。

开伞时

等到周围没有人的时候,再缓缓地打开雨伞。

撑伞时

将伞柄保持竖直。

这样才不会淋湿自己。

安全外出玩耍

安全

和谁出去玩

我和同学出去玩哦!

和家人讲清楚一起外出玩耍的朋友的名字。

去哪里玩

我们打算去公园玩。

要如实告诉家人目的地。

几点回家

我大约6点就回来啦!

告诉家人预计到家时间。

不能去没有告知家人的地方。到了回家时间,就抓紧时间返回。

如何避免坏人的搭讪

快步行走

大步地快速行走,陌生人就很难过来搭话了。

经常回头看后面

注意观察附近是否有可疑的人。

选择走大路

坏人很少选择大路上的人搭讪,所以选择路线也是很重要的。

注意安全，提高自我保护意识非常重要！

第 33 页的答案
❷ 竖着拿，伞尖朝下。

太危险了！太危险了！！

如果有这些人靠近你，请及时寻求帮助！

能给我指个路吗？

那边在免费试玩游戏，一起去看看吧！

你爸爸让我来接你回家。

跟我一起去那边玩吧！

安全牢记在心中　记牢以下注意事项，时刻把安全放在第一位。

不和陌生人走

不要轻信陌生人的话。

不上可疑人物的车

拒绝搭乘陌生人的车。

大声呼救

遇到危险，记得大声呼救。
* 还可以拉响身上的报警器。

马上逃走

趁坏人不注意赶紧逃跑。

向他人求助

去找周围的人求助。
* 也可以去人多的公共场所。

前往人多的公共场所

感觉到危险的时候，也可以前往商场等人多的场所向大人求助。大家可以事先向家人确认一下，安全的公共场所在哪里。

猜猜看

如果有陌生人开车过来说："你妈妈进医院了，我带你去医院吧！"你该怎么办？

❶ 上车
❷ 不上车

✦答案见第 39 页。

一起试试看！

平平安安回家

危险地方易迷路

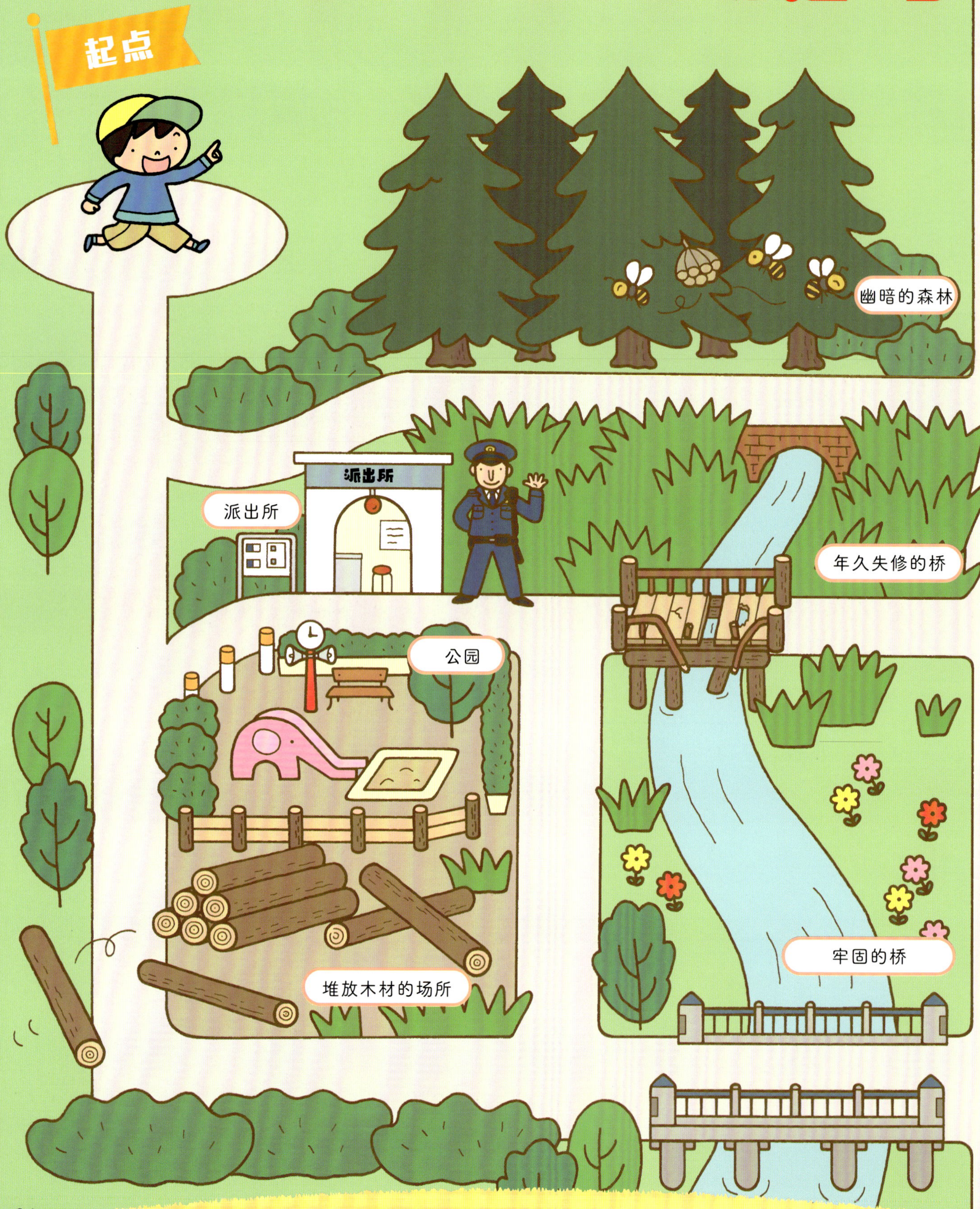
起点
幽暗的森林
派出所
派出所
年久失修的桥
公园
牢固的桥
堆放木材的场所

让我们从起点开始，寻找一条安全的回家之路吧。

安全

当地震发生时

不要慌张，要听从老师的指挥。

避免被掉落物砸到，可以躲在桌子下面。

抓紧桌腿。

遇到地震时，应该这样做

地震发生时，我们要做好防灾措施，确保自身安全。

保护好头部

可以躲在桌子下面。如果有防灾头罩，可以戴上以保护头部。

远离危险物

迅速逃离容易倒塌的建筑物。

去高处避难

地震时要远离海边、河边，最好跑向地势高的地方。

上课时突然发生大地震，我们应该怎么办？

第 35 页的答案
❷ 不上车

不要靠近危险的地方！

地震时要远离架子和柜子这类家具。不然，很容易被掉下来的东西砸伤。

在地震后，学校会成为应急避难场所或临时安置点。附近的居民也会在此集中避难。

地震可能致使电线断裂。请勿触碰，小心触电！

远离窗户，震碎的玻璃会伤人。

如果发生地震时身处室外，大家要特别留意掉落的危险物品，小心被砸伤。

在学校空旷的地方集合。

用心参加防灾演习

防灾演习时，不要交头接耳，认真听从老师的指令。

防灾演习会模拟地震时的疏散路线，要认真听哦。

猜猜看

地震发生后，突然想起有重要的东西落在教室，你应该怎么做？

❶ 返回教室去拿。
❷ 等地震结束后再去拿。

答案见第 41 页

安全

遇到火灾怎么办

趁着还没有浓烟的时候，赶紧撤离！

和大家一起撤退，不要慌乱。

撤离的时候不要互相推搡。

不要慌，听从老师的指挥。

如果有防灾头罩，请戴好。

火灾发生时的撤离原则

保持安静

火灾时大声喊叫会引发更多的骚乱。

用湿手绢捂好口鼻

为了避免吸入浓烟，大家可以用浸湿的毛巾捂住口鼻。注意，仅仅捂住嘴是不够的，还要捂住鼻子。

弯腰俯身前进

俯身前进可以减少烟雾吸入。同时还可以有效避免烟雾遮挡视线，从而看清逃生线路。

40

第 39 页的答案
❷ 等地震结束后再去拿。

在学校上课时,如果突发火灾,大家应该怎么做呢?
首先要听从老师的指挥,不要擅自行动。

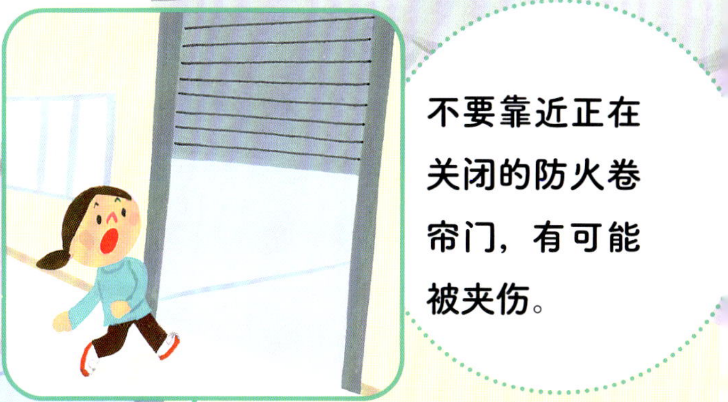

不要靠近正在关闭的防火卷帘门,有可能被夹伤。

用湿手绢捂住口鼻。

即使忘记带重要物品,也不要回去拿。

弯腰俯身逃离。

撤离时不要奔跑

太慌张地逃跑,反而会撞到人或物品。要看清楚周围环境再撤离哦。

 火灾演习时,大家听到警报后要怎么做呢?

❶ 躲到课桌下面。 ❷ 用湿手绢捂住口鼻,听从老师的安排。

 答案见第 43 页

学习

让电脑成为你的好帮手

我们用电脑可以做些什么事呢?

撰写文档
敲击键盘,写下自己想说的话。

画画
在电脑上可以用不同笔触、颜色的画笔轻松作画。

看照片
可以将平时拍摄的照片存入电脑分类、归档。

学习
互联网上有很多学习资源。

上网查资料
在网上可以搜索到各种各样有用的信息。

发邮件
在电脑上写好邮件,发送给远方的朋友。

玩游戏
电脑上有很多有趣的益智游戏。

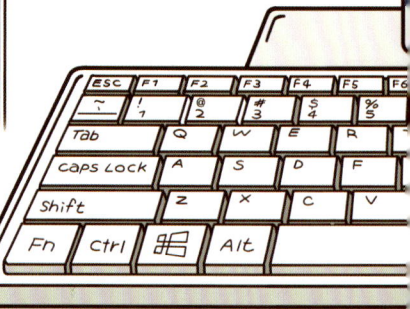

使用电脑的原则

大家在用电脑的时候,要记得和家人约法三章哦!

坐在显示器的正前方。

身体坐直,不弯腰驼背。

房间光线适中。

眼睛距离显示器至少50厘米。

电脑怕进水,所以桌子上不要放水或者饮料哦。

我们可以用电脑写字、画画、查资料，做各种各样有趣的事情。电脑已然成为人们日常生活中必不可少的工具。

> 第41页的答案
> ❷ 用湿手绢捂住口鼻，听从老师的安排。

鼠标的使用方法

单击
按一次鼠标左键。
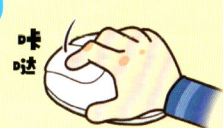

双击
快速按两次鼠标左键。

选中

按住鼠标左键不放，拖动到需要的位置再释放鼠标左键。

显示器
我们可以在显示器上看到文字和画面。

主机
图中的电脑叫作台式机，有单独的主机部分。还有一种电脑叫笔记本电脑。

鼠标
移动鼠标，显示器上的光标也会跟着移动。

键盘
可以在这里输入文字或指令。

❌ 不要频繁开关电脑的电源。

❌ 不要在电脑附近追跑打闹。

使用电脑要专心哦！

猜猜看

我们可以在电脑上和外国人对话，这是真的还是假的？

第20~21页的答案

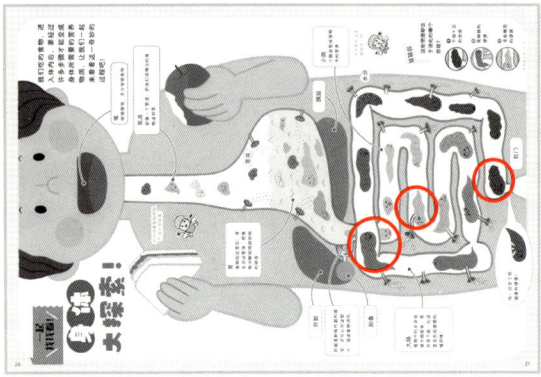

第36~37页的答案

第43页的答案

○ 通过互联网，我们可以有机会和世界各地的人对话。

クイズでわかる！学校の生活「3 やくだちワザずかん」
広中忠昭・監修
Quiz de Wakaru! Gakkou no Seikatsu 3 Yakudachi Waza Zukan
ⒸGakken
First published in Japan 2019 by Gakken Plus Co., Ltd., Tokyo
Chinese Simplified character translation rights arranged with Gakken Plus Co., Ltd. through Shinwon Agency Co.
本书中文简体版专有版权由Gakken Plus Co., Ltd. 经由Shinwon Agency Co. Beijing Representative Office授予电子工业出版社。未经许可，不得以任何方式复制或者抄袭本书的任何部分。

版权贸易合同登记号　图字：01-2020-7401

图书在版编目（CIP）数据

开学第一课. 学校生活能力培养小百科 / 日本学研教育出版社编著；郭薇译. --北京：电子工业出版社，2021.7
ISBN 978-7-121-40940-0

Ⅰ.①开… Ⅱ.①日… ②郭… Ⅲ.①小学生－入学教育 Ⅳ.①G625.5

中国版本图书馆CIP数据核字（2021）第062740号

责任编辑：苏　琪　文字编辑：翟夏月
印　　刷：天津海顺印业包装有限公司
装　　订：天津海顺印业包装有限公司
出版发行：电子工业出版社
　　　　　北京市海淀区万寿路173信箱　邮编：100036
开　　本：787×1092　1/16　印张：8.75　字数：59.00千字
版　　次：2021年7月第1版
印　　次：2023年4月第3次印刷
定　　价：90.00元（全3册）

凡所购买电子工业出版社图书有缺损问题，请向购买书店调换。若书店售缺，请与本社发行部联系，联系及邮购电话：（010）88254888，88258888。
质量投诉请发邮件至zlts@phei.com.cn，盗版侵权举报请发邮件至dbqq@phei.com.cn。
本书咨询联系方式：（010）88254161转1821，zhaixy@phei.com.cn。